El fascinante *Tarot mágico para todos los días*

"Mostrando cómo combinar visualizaciones imaginativas y afirmaciones con accesorios como velas, hierbas y cristales, Dorothy Morrison nos ayuda a activar la magia dentro de las imágenes del tarot. Sus rituales simples y dinámicos traen vitalidad a nuestra rutina diaria y nos permiten manifestar la visión personal de una vida hermosa".

—Janina Renée
Autora de *Tarot Spells, Tarot for Every Day,*
y *Tarot for a New Generation*

"Este maravilloso libro encantará a quienes buscan un enfoque mágico del tarot a profundidad, presentando explicaciones de las cartas y su uso en lecturas, una magnífica sección de hechizos, pautas para utilizar el tarot en el desarrollo personal, y mucho más. El claro y alentador estilo de Dorothy Morrison le dará confianza a los principiantes, mientras los practicantes experimentados podrán encontrar suficiente material para aumentar su conocimiento y mejorar su práctica".

—Elen Hawke
Autora de *In The Circle, The Sacred Round,*
y *Praise to the Moon*

"*Tarot mágico para todos los días* presenta un enfoque interesante y detallado del uso del tarot como herramienta mágica. Dorothy Morrison ofrece una guía completa y poderosa a quienes desean incorporar las cartas en su magia diaria".

—Yasmine Galenorn
Autora de varios libros, incluyendo
Crafting the Body Divine y *Embracing the Moon*

Tarot Mágico para todos los días

Acerca de la autora

Dorothy Morrison es una alta sacerdotisa wiccan de la Tradición Georgiana. Fundó la congregación del Crystal Garden (Jardín de cristal) en 1986. Ha sido una ávida practicante de las artes antiguas por más de veinte años, durante mucho tiempo enseñó la hechicería a estudiantes a lo largo y ancho de los Estados Unidos y Australia, y es miembro de la Pagan Poet's Society (Sociedad de Poetas Paganos).

Correspondencia a la autora

Para contactar o escribir al autor, o para obtener más información sobre este libro, envíe su correspondencia a Llewellyn Español para serle remitida al mismo. La casa editora y el autor agradecen su interés y sus comentarios sobre la lectura de este libro y sus beneficios obtenidos. Llewellyn Español no garantiza que todas las cartas enviadas serán contestadas, pero le asegura que serán remitidas al autor.

Por favor escribir a:

Dorothy Morrison

℅ Llewellyn Español

P.O. Box 64383, Dept. 0-7387-0510-1

St. Paul, MN 55164-0383, U.S.A.

Incluya un sobre estampillado con su dirección y $US 1.00 para cubrir costos de correo. Fuera de los Estados Unidos incluya el cupón de correo internacional.

Tarot Mágico para todos los días

DOROTHY MORRISON

Traducción al idioma Español:
Héctor Ramírez y Edgar Rojas

2004
Llewellyn Español
St. Paul, Minnesota 55164-0383, U.S.A.

PRIMERA EDICIÓN
Primera impresión, 2004

Edición y coordinación general: Edgar Rojas
Portada: Cartas de la portada diseñadas para el
Tarot Místico Universal © Lauren O'Learly
Diseño de la portada: Kevin R. Brown
Diseño del interior: Karin Simoneau
Traducción al Español: Héctor Ramírez y Edgar Rojas

Biblioteca del Congreso. Información sobre esta publicación
Library of Congress Cataloging-in-Publication Data
Dorothy Morrison
ISBN: 0-7387-0510-1
[pendiente; pending]

Llewellyn Español
Una división de Llewellyn Worldwide, Ltd.
P.O. Box 64383, Dept. 0-7387-0510-1
St. Paul, MN 55164-0383, U.S.A.
www.llewellynespanol.com

Impreso en los Estados Unidos

Para Z. Harrell, cuyo amor por el tarot —y su magia—
es mi constante fuente de inspiración.

En memoria de . . .

Scheryll "Lady Duvessa" Baxter, quien falleció el 5 de agosto de 2002. Su bondad, amor y apoyo constante enriqueció más vidas de las que uno podría imaginar. Te extraño mucho.

Contenido

Agradecimientos

Así como el loco no puede terminar su viaje sin interactuar con otros a lo largo del camino, un libro sigue un proceso similar. Entran en juego personas muy capacitadas que editan e ilustran. También son importantes los que imprimen, publican, comercializan y hacen la publicidad. Pero la ayuda necesaria para producir un buen libro va mucho más allá de eso. Se requieren personas que motiven, inspiren, e incluso difieran tan inflexiblemente que obliguen al autor a sentarse y reconsiderar el concepto mismo de su mensaje. Sin ellas, no habría camino, ni viaje, ni esperanza de lograr una manifestación. Y son esas personas a quienes yo, la loca y buscadora, debe un enorme voto de gracias; porque cada una —en su forma particular— no sólo me ha ayudado a terminar un viaje muy personal, sino que ha jugado un papel importante en el proceso de hacer realidad este libro.

Agradezco a Mark —mi esposo y el amor de mi vida— cuya capacidad de paciencia y comprensión es insuperada, y quien ilumina mi mundo todos los días con su suave tacto y cautivante sonrisa.

A mi hermana, Mary Anne —una alta sacerdotisa en su propio derecho— cuya capacidad para andar entre los mundos consistentemente, me recuerda que todo es posible.

A Trish Telesco, la emperatriz, quien me enriqueció, motivó y creyó en mí lo suficiente para lanzar mi vuelo hacia una exitosa carrera de escritora.

A M. R. Sellars, el emperador, cuya lealtad y amistad no tiene medida, y cuyos sólidos consejos me mantienen siempre buscando la perfección.

A A. J. Drew, el sacerdote y príncipe de Yeti's, cuyo entusiasmo por la vida, capacidad para seguir su propio ritmo, y dedicación por quienes quiere, siempre me hace estar agradecida por la extensa familia, los destinos cruzados y la intervención divina.

A Karri Ann Allrich, Barbara Ardinger y Elen Hawke, quienes han sido mi fuerza cuando creía que no podía seguir, y mi valor cuando insistieron en que sí podría hacerlo.

A Nancy Mostad, el carro, cuya amistad y consejos sabios me han transformado de muchas formas en la persona que soy.

A Barbara Moore, la estrella, quien creyó en este libro lo suficiente para hacerlo realidad y cumplir mi deseo.

A Karin Simoneau, mi redactora de la versión en inglés, cuyos rayos dorados dieron el brillo a mis palabras, pulieron mi estilo y espercieron una luz sobre mi mensaje que nunca creí posible.

A los departamentos de arte, publicidad, marketing y ventas, que juntos giran la rueda de la fortuna diariamente hacia mi continuo éxito y al de otra gran cantidad de personas en nuestra creciente comunidad.

Y a Carl, Sandra y Gabe Weschcke, quienes, juntos en su papel de mago, traen libros maravillosos a nuestra comunidad todos los días, para que podamos aprender y crecer mientras continuamos el eterno camino del viaje espiritual personal.

¡Un gran abrazo, mucho amor y muchas gracias a todos ustedes!

Parte uno

El comienzo

El tarot es una baraja creada por el hombre
una vez usada por caballeros y señores de renombre
y damas de la corte real y la ciudad
para juegos de sociedad.
Pero ahora tiene más significado
como un sistema que abre la puerta y el candado
a reinos espirituales que no podemos observar.
Guía nuestros pasos al caminar
mientras nos ocupamos de esta existencia
revelando patrones forjados con paciencia
y también patrones de vida feliz
para formar un perfecto tapiz.
Pero tiene más que ofrecer,
trae consejos para crecer
y así cambiar nuestro actual camino
escapando de desastres del destino
de problemas que bloqueaban la felicidad
y trayéndonos un día más alegre y lleno de bondad.

—Dorothy Morrison

1

El tarot: qué es y qué no es

La historia del tarot es especulativa en el mejor de los casos. De hecho, nadie —ni siquiera los eruditos del tarot más aclamados— parece ponerse de acuerdo en sus orígenes o valor histórico. Una de las teorías más populares es que el tarot llegó a Europa en manos de un grupo nómada de egipcios conocidos como "gitanos".[1] Y aunque no hay suficiente evidencia para apoyar esta teoría, sus defensores insisten en que el tarot no sólo se basaba en un antiguo libro de desarrollo personal llamado *El libro de Tot*, sino que los misterios de su sabiduría estaban ocultos en las ilustraciones de los arcanos mayores.

Sin embargo, una teoría más aceptada es que el sistema originado en Italia, nació de una baraja común, y se inició como un juego de sociedad diseñado para entretener a la nobleza italiana de comienzos del siglo XV. Aunque no es una historia tan romántica e interesante, parece un poco más verosímil. ¿Por qué? Por una razón, los nombres más antiguos atribuidos al sistema, *carte da trionfi* y *tarrochi*, eran italianos, y no hubo un término registrado en otro idioma para describir la baraja por más de un siglo. Además, las cartas de triunfo[2] no tenían figuras egipcias, sino ilustraciones de la nobleza real europea. Siendo ese el caso, sólo tiene sentido que el sistema se originó en Europa en lugar de Egipto.

Sin embargo, tal vez más interesante que el verdadero origen del tarot, son los hechos que rodearon los naipes del cual nació. Diseñados por los musulmanes españoles a comienzos del siglo XIV, estos naipes llegaron a Europa entre 1375 y 1378. Aunque efectivamente las barajas incorporaron cuatro palos, los corazones, tréboles, diamantes y picas que conocemos actualmente no existieron hasta que los franceses los modificaron a finales de la década de 1470. Los palos originales eran casi idénticos a los que usamos en las barajas de tarot modernas: bastos, espadas, copas y pentáculos.

También es interesante observar que todas las cartas de figura —un rey y otras dos de menor valor— eran de naturaleza masculina. Sin embargo, cuando surgió el tarot, todo eso cambió. Apareció un juego de reinas, al igual que el loco y los triunfos. No obstante, es importante entender que las adiciones no tuvieron nada que ver con la adivinación. Simplemente fueron componentes necesarios para el juego original —que incluía triunfos y era jugado de manera similar al bridge—.

Si ese es el caso, ¿cómo terminamos usando el tarot para propósitos espirituales? ¿Cómo pudo un simple juego de sociedad convertirse en una herramienta tan importante? Debido a que los naipes comunes habían sido asociados con la adivinación desde 1487, no hay razón para pensar que el tarot escapó de los ojos del adivinador. Sin embargo, sólo 350 años después se asociaron con las cartas significados adivinatorios precisos, y las ilustraciones fueron modificadas para reflejar esto. En realidad, el tarot se consideró valioso para el estudio esotérico sólo hasta comienzos de la década de 1780. En esa época el sistema tomó su lugar como parte integral de la filosofía y comenzó su desarrollo hasta convertirse en la poderosa herramienta espiritual que conocemos hoy en día.

Cómo funciona el tarot

Sin reparar en su historia, el tarot es, sin duda alguna, una de las más útiles herramientas espirituales a nuestra disposición. No sólo une el espacio entre el mundo terrenal y el espiritual, también brinda consejos claros y precisos que podemos usar para nuestro beneficio. Eso es maravilloso.

Sin embargo, aun mejor es que las personas pueden usarlo para estimular sus vidas y aumentar su productividad. No se requiere de habilidades especiales para leer cartas ni una gran capacidad psíquica. No es necesario un alto coeficiente intelectual ni un teléfono rojo para conectarse con el mundo espiritual. Todo lo que se requiere es un deseo firme, un poco de imaginación y la capacidad de seguir la secuencia de una historia. Es tan simple como eso. Trabajar con el tarot es hace fácil porque nos habla en imágenes —un lenguaje subliminal que el cerebro entiende y usa para procesar cada pensamiento—. Ahora veremos cómo funciona.

Cuando vemos una imagen, el ser mundano (la mente consciente) de inmediato entabla una conversación con el niño interior (la mente subconsciente). Mientras hablan, la mente subconsciente busca en los bancos de memoria las imágenes que se relacionan con esa imagen. Las imágenes se forman en la mente, y cuando eso sucede, ambos sectores del ser espiritual (el inconsciente personal y el inconsciente colectivo) se activan. El inconsciente personal procesa cada fracción de conocimiento personal que hemos acumulado en relación con esa imagen. El inconsciente colectivo también hace su parte —busca reacciones instintivas e intuitivas relacionadas, saca sus propias conclusiones y las empalma con los datos recogidos por el inconsciente personal—. Una vez que tienen toda la información reunida, crean un pequeño paquete y lo entregan a las mentes consciente y subconsciente. El trabajo del cerebro está hecho y de repente entendemos lo que la imagen está diciendo.

Aun así, muchas personas tienen dificultad para usar el tarot. ¿Por qué? Dicho en pocas palabras: se complican demasiado. Creen que van a recibir una misteriosa serie de mensajes. Siendo ese el caso, sobrecargan el cerebro con la búsqueda. Y al no obtener nada, guardan la baraja para no usarla nunca más.

En realidad, el tarot no es más que una serie de imágenes diseñadas para contar una historia. Es muy similar a leer una tira cómica, sin el beneficio de las palabras. Una vez que determinamos lo que están diciendo los personajes y cómo interactúan, el mensaje surge fuerte y claro. No hay nada que meditar, nada con qué retar nuestro cerebro. Lo vemos y entendemos. Fin de la historia.

Todo eso está bien. Pero, dejando a un lado el hecho de que las imágenes de las cartas se comunican con todos los sectores del cerebro, ¿qué hace del tarot una herramienta espiritual? ¿No es sólo otro instrumento de adivinación?

Contrario a la creencia popular, de ninguna manera el tarot predice el futuro. En lugar de eso, nos da elecciones y una pausa para pensar. Penetra en lo que no podemos ver o nos negamos ver en un nivel mundano, y lo pone justo frente a nosotros. Eso en sí es algo fantástico. Pero también nos muestra lo que quizás ocurrirá si continuamos por el camino que vamos. Luego podemos decidir si queremos cambiar la ruta o seguir adelante. Y eso es algo que no puede hacer una simple herramienta de adivinación.

Encontrar la baraja apropiada

Hace mucho tiempo mi madre me dio una baraja Rider-Waite. La estudié y practiqué. Incluso llegué a memorizar el folleto de instrucciones. Pero con todo lo que hacía, no me sentía a gusto utilizándola. Siempre había podido hacer lo que me proponía, y no entendía por qué tenía tanta dificultad para lograrlo esta vez. Sobra decir que la baraja finalmente terminó guardada para no ser vuelta a usar, porque incluso verla me hacía sentir inútil y estúpida. Como resultado, decidí no volver a conseguir otra baraja de tarot.

Por supuesto, en ese entonces no entendía muchas cosas sobre el tarot. El problema no era la baraja ni yo misma. El único inconveniente era que no nos correspondíamos mutuamente. No saberlo me costó mucho, y casi me impide descubrir los maravillosos beneficios del tarot.

Esto no tiene que sucederle. No es difícil encontrar la baraja apropiada para usted, pero buscarla puede requerir paciencia. Esto se debe a que hay literalmente cientos de barajas para escoger. Y si es la primera que va a adquirir, tal vez no esté seguro de lo que está buscando. Es un proceso de ensayo y error similar a encontrar el traje perfecto; lo vemos y nos gusta, pero no lo compramos hasta no ponérnoslo para ver cómo nos queda.

Afortunadamente, la mayoría de tiendas que venden barajas tienen ahora copias de muestra a la mano. Esto permite ver las cartas y jugar con ellas un poco, antes de comprarlas. Eso está muy bien, porque no hay nada peor que llevar algo a casa que luego no nos sirva.

Siendo ese el caso, esté preparado para pasar un corto tiempo —al menos veinte minutos— con la baraja que le llame la atención. Examine cada carta y observe qué le hace sentir. Tome notas. Ponga especial atención a los colores, las imágenes y, por supuesto, cualquier respuesta emocional que le evoquen determinadas cartas. Luego revise su libreta de apuntes y regrese a casa.

Es importante no hacer una compra en este instante porque evita que se presenten los dos problemas más comunes al buscar la baraja apropiada: primero, estar tentado a comprar por impulso (las barajas compradas en estas condiciones suelen terminar guardadas sin usar, porque rara vez crean una conexión con la persona); y segundo, somos más propensos a seguir buscando la baraja perfecta cuando todavía no hemos comprado ninguna.

Teniendo en cuenta eso, espere uno o dos días y lea sus notas. Examine bien lo que escribió. ¿La baraja le gusta igual que antes? ¿Las imágenes siguen vibrando en su mente? Si honestamente puede responder "¡sí!" a ambas preguntas, entonces es la baraja apropiada para usted. Si no es así, siga buscando. ¡Tenga en cuenta que la baraja perfecta pronto aparecerá!

Un consejo final, en especial para principiantes. Es mucho más fácil trabajar con una baraja que tenga ilustraciones completas en todas las cartas, y no sólo una serie de bastos, copas, espadas y pentáculos. Después de más de veinte años de experiencia con el tarot, aún le huyo a este tipo de barajas que, aunque no tienen nada de malo, sus imágenes no hablan con firmeza al subconsciente, y esto hace fácil ignorar los mensajes deseados.

Bendecir la baraja

Aunque usar el tarot no es difícil, pocas personas rechazarían una dosis extra de energía para obtener el mejor desempeño posible. Estoy segura de que usted no es la excepción. Aquí es donde entra en juego la bendición de la baraja, que lo sintonizará con las cartas y preparará el terreno para su habilitación personal. Es algo muy bueno que no se puede pasar por alto.

He incluido un ritual de bendición como ejemplo. Sin embargo, no tema variarlo o hacerlo de nuevo para que se ajuste a su estilo de vida. No hay una forma correcta o equivocada de bendecir la baraja; lo que decida funcionará perfectamente para usted.

Materiales
1 vela morada
Incienso de su elección
Baraja de tarot
Agua
Sal

Empiece prendiendo la vela y el incienso, y colocando la baraja frente a ellos. Cierre los ojos e inhale profundamente a través de su nariz. Exhale por completo por la boca. Respire cuatro o cinco veces, abra los ojos y pase la baraja a través del humo del incienso, diciendo algo como:

Te doy ahora la respiración del aire humoso
inhala su riqueza y poder asombroso.

Teniendo cuidado de no quemarse o quemar las cartas, pase rápidamente la baraja a través de la llama de la vela. Diga algo como:

Te doy ahora el calor del fuego
para que puedas responder mi ruego.

Rocíe la baraja con unas gotas de agua, diciendo:

Te doy agua, fuerza de vida y acción
tómala profundamente mientras trazas tu dirección.

Luego rocíe a la baraja granos de sal, diciendo:

> *Te doy tierra en la que puedes sembrar*
> *las semillas de poder, mi tarot.*

Finalmente, levante la baraja hacia el cielo y diga:

> *Poder del antiguo tarot*
> *trae tu conocimiento; déjalo fluir*
> *a mi alma, a mi cerebro, a mi ser*
> *desde esta baraja, el conocimiento quiero ver.*

Luego entre en meditación durante unos quince minutos. Véase a sí mismo leyendo las cartas con discernimiento y precisión, entendiendo cada mensaje por completo.

Deje la baraja en frente de la vela hasta que ésta se consuma.

Después de la bendición

La baraja ya está bendecida y lista para usar, ¿cierto? Bueno, esto depende sólo de lo que usted pretenda hacer. Muchos aprueban la regla de "colocar la baraja debajo de la almohada y dormir con ella". Algunos no están de acuerdo y afirman que una baraja nueva debe ser cargada en el bolso o portapapeles. Incluso hay quienes insisten en que debe ser rodeada con cristales —cuarzo rosado, ahumado y claro, para ser exactos— envuelta en seda y cargada por su dueño en cualquier parte. En lo único que coinciden es en la duración de la metodología: una semana.

Usted no es el único que cree que estas son tácticas de preparación muy extrañas; pero hay una razón sólida para ello. En pocas palabras, tener la baraja cerca a uno a todo momento durante la primera semana, saturará las cartas con energía personal. Siendo ese el caso, es lógico que la baraja se leerá bien para quien plasmó en ella su energía.

Pero me permito discrepar. En diferentes ocasiones, ensayé cada uno de los métodos ya descritos. El problema no era que no funcionaran, sino que por ser tan fuerte mi energía personal, simplemente funcionaba demasiado bien, y como resultado, la energía de otra persona no podía penetrar las cartas —ni siquiera en forma parcial—. Sin importar quién las barajaba, la lectura resultante parecía siempre reflejar mi energía y vida, no la del consultante.

Por esa razón, le sugiero intentar primero lo siguiente: cargue su baraja un rato —quince a veinte minutos— cada día durante una semana. Baraje las cartas, obsérvelas. Grabe en la memoria algunas de las imágenes. En pocas palabras, conéctese con ellas. Si después considera que no está tan bien conectado con su baraja como desearía, puede ensayar uno de los otros métodos.

Guardar la baraja

Si considera conflictivos los desacuerdos en cuanto a la preparación de la baraja, debería oír las diferencias respecto al almacenaje. He oído todo lo imaginable —desde aislar la baraja con seda, hasta esconderla en un lugar oscuro donde no la perturbe energía indeseada—. También hay quienes insisten en estuches de madera especialmente preparados para guardar la baraja, saquillos forrados con terciopelo y otra gran cantidad de cosas. De hecho, hay tantos métodos de almacenaje de la baraja como personas que usan el tarot.

Para ser honesta, nunca he encontrado que un método particular funcione mejor que otro, o que alguno mejore las lecturas de las barajas que he usado. Por tal razón, no hay que complicarse. Si encuentra un saquillo, pañuelo o estuche que le guste, úselo. Pero si le parece bien sujetar las cartas con una tira de caucho, no hay problema. La idea es que no se complique en algo tan trivial como guardar la baraja. Haga lo que considere apropiado, seguro de que así debe ser.

Conocer las cartas

El tarot es una de las herramientas espirituales más versátiles disponibles en la actualidad. Podemos leerlo y luego usar sus consejos para solucionar problemas. Podemos utilizarlo para autoconocimiento y desarrollo personal, e incluso para activar nuestra magia. Su conocimiento está abierto para todos, sólo hay que aprovecharlo.

Pero antes de usarlo debemos entenderlo. Tenemos que conocer las cartas, de dónde provienen y qué propósitos individuales tienen. Debemos permitir que se conviertan en nuestras amigas más íntimas. ¿Pero como es posible? ¡Después de todo son sólo cartas!

No tan fácil mi amigo. Cada carta tiene un personaje —o juego de personajes— con una personalidad, disposición y temperamento. Saber de dónde proviene ese personaje marca la diferencia en cuanto a entender el mensaje de su carta específica. La mejor forma de hacer esto es seguir el ejercicio de visualización/meditación presentado a continuación.

Meditación con las cartas

Empiece tomando una carta de la baraja. (Aunque muchas veces sugiero empezar con los arcanos mayores, cualquier carta servirá siempre y cuando le llame la atención). Ahora, examine las imágenes en detalle. Observe expresiones faciales, lenguaje corporal y la actividad del personaje. Vea qué le hacen sentir los colores de la carta. Memorice la imagen y cierre los ojos. Visualice la carta agrandándose cada vez más hasta que ocupe toda la habitación. Luego imagine que adquiere forma tridimensional. Esto es importante. ¿Por qué? Porque si la descripción de la carta —personajes, entorno, etc.— no parece tan real para usted como la silla en que está sentado, no podrá lograr todo el impacto de este ejercicio.

Una vez que tenga la imagen fija en la mente, visualícese entrando a la carta. (Dependiendo de la ampliación de la misma, tal vez deba visualizarse encogiéndose un poco para entrar). Tómese unos momentos para aclimatarse al entorno. Mire los alrededores. Examine el ambiente. Piense en cómo se siente al estar ahí. ¿Está feliz, triste o indiferente? ¿Está tranquilo y sereno, o algo inquieto? Tal vez no tenga ninguna de estas sensaciones, y eso está bien. Sin embargo, sin importar cuáles sean sus sentimientos, déjelos fijos en su memoria para recordarlos y ponerlos por escrito cuando haya finalizado la visita.

Ahora observe los personajes de la carta. Vea cómo han cobrado vida. Ponga mucha atención a lo que están haciendo y cómo pasan el tiempo. También tome nota del lenguaje corporal, de la forma en que se mueven y —si hay más de un personaje en la carta— de cómo interactúan.

Una vez que haya evaluado los personajes y sus entornos, preséntese a sí mismo. Diga por qué está ahí y qué espera ganar con la visita. Recuerde ser agradable y cortés. (Aunque esas personas no son de este mundo, la idea es ofrecerles amistad —y no podrá hacerlo a menos que manifieste su mejor comportamiento—). Haga preguntas directas. Vea a dónde va la conversación. Luego, cuando la charla esté finalizando, dígale a los personajes lo bueno que fue conocerlos y agradézcales su atención. Despídase y salga de la carta. Tome notas para uso futuro.

Aunque entrar a las cartas es divertido y enriquecedor, puede pasar que un personaje o entorno en particular lo haga sentir mal. Si esto sucede, no se alarme, sólo retroceda, salga y deje a un lado la carta. En realidad, significa que no está preparado para el mensaje completo de esa carta. Usted sabrá cuándo es el momento apropiado, y cuando eso pase, puede intentarlo de nuevo con la carta en cuestión.

Sólo una cosa más acerca de las meditaciones. No hay necesidad de hacerlo con las 78 cartas a la vez. No es necesario completarlas todas antes de empezar a usar la baraja. Trabaje con unas cuantas a su propio ritmo. Y, por supuesto, disfrute el proceso. Después de todo, está haciendo nuevos amigos.

Guía de tarot personal

Sin importar cómo elija usar las cartas, la ayuda es lo único con lo que siempre puede contar. No la encontrará tomando una clase, leyendo un libro o con horas de estudio. El tipo de ayuda al que me refiero es muy distinto. Es una serie de comunicaciones que provienen directamente de su guía de tarot personal.

Esta entidad es muy similar al guía espiritual, y todos tenemos una. Nos susurra en el oído, dirige nuestros procesos de pensamiento y nos ubica en el buen camino. Y, si usted es tan terco como yo, de vez en cuando le dará palmadas en el hombro cuando no ponga atención. Es un espíritu maravilloso que siempre está listo para ayudar con las preguntas, respuestas y soluciones relacionadas con el tarot. Todo lo que debe hacer es preguntar.

Aunque ponerse en contacto con el guía personal no es difícil, tomará unos minutos de su tiempo y una total atención. Por esa razón, es buena idea despejar el camino de posibles interrupciones. Baje el volumen al timbre del teléfono y la máquina contestadora. Luego tome una piedra pequeña que le llame la atención —fluorita, amatista, cuarzo claro y sodalita son buenas opciones y pueden encontrarse en un tienda metafísica local—, y diríjase al lugar más cómodo de su casa. La clave aquí es la relajación, así que si puede lograr tal estado en su silla favorita, acostado en la cama, o incluso en la bañera, adelante, esa será la forma de hacerlo.

Una vez que esté cómodo, tome la piedra con su mano dominante. Libere tensiones y despeje la mente. Luego haga un viaje con su imaginación. Vaya a un lugar tranquilo, tal vez una pradera, una playa o la cima de una montaña. Incluso podría ser la habitación de una casa que haya visitado. El lugar en sí no es importante; la idea es que sea un sitio donde se sienta tranquilo y feliz.

Tome su tiempo para instalarse y aclimatarse al entorno. Luego llame a su guía de tarot diciendo algo como:

> *Guía de tarot, aparece ante mí para soñar.*
> *Guía de tarot, aparece ante mí para soñar.*
> *Te llamo desde la profundidad del mar,*
> *desde la fértil tierra, desde la brisa del ambiente,*
> *desde la danzante llama que calienta fácilmente.*
> *Te llamo, sabio guía de tarot sagrado,*
> *para que siempre estés a mi lado.*
> *Haz que tu presencia yo vea,*
> *como lo deseo, que así sea.*

Espere pacientemente, y su guía aparecerá.

Es importante anotar que los guías son seres ultramundanos, por eso el suyo podría no aparecer como humano. Tal vez tomará la forma de un animal, una planta u otro elemento natural. También podría aparecer como una sombra, una bola de color giratoria o incluso una luz. Eso está bien. Cada guía tiene apariencia diferente. Sólo tenga en cuenta que lo que ve primero es la forma que el suyo ha elegido.

Una vez que aparezca su guía, entable una conversación. Dígale que ha emprendido el viaje del tarot y lo ha llamado para que le brinde ayuda. Luego agregue una dosis de adulación. (A los guías de tarot les gusta esa clase de cosas). Diga que no sólo quiere su ayuda, sino que la *necesita* —que no hay forma de avanzar en el sistema sin su poder y sabiduría—. Luego exprésele lo maravilloso que es su ayuda y cuánto valora todos sus esfuerzos.

Ahora siéntese. Escuche con atención las respuestas. Podría darle consejos para trabajar con las cartas, o ideas para simplificar su viaje personal. Todo lo que diga su guía es importante y debe ponerlo por escrito más tarde.

Cuando la conversación esté finalizando, dígale al guía que quiere retribuirle su bondad. En tal caso, usted está preparado para darle una morada real. Explíquele que lo mantendrá dentro de la piedra y lo guardará con las cartas. De esta forma, siempre estará con usted y el tarot que él tanto ama.

Escuche la respuesta, luego despídase.

Ritual de morada para el guía de tarot

Siempre es aconsejable cumplir las promesas, y en especial cuando se han hecho al guía de tarot. De otra manera, no podemos esperar que nos ayude —la ayuda fue la razón inicial para contactarlo—. Así que cumpla lo prometido. Déle una morada a su guía. No tomará tiempo y el esfuerzo hecho valdrá la pena.

Materiales

Incienso de su elección (nagchampa, sándalo u olíbano son recomendables)
1 vela blanca o morada
Aceite de vainilla, rosa o palo de rosa
La piedra usada en la meditación del contacto
Su baraja de tarot y el utensilio de almacenaje

Prenda el incienso y frote la vela con aceite. Piense en la relación que acaba de formar con su guía de tarot. Concéntrese en convertir la relación en una verdadera amistad y todo lo que ello implica. Luego encienda la vela, diciendo:

Te acojo en mi corazón con razones,
ven amigo mío y nunca me abandones.
Comparte tus pensamientos y caprichos secretos,
y yo los apreciaré como valiosos objetos.

Lleve la piedra a su tercer ojo (el área entre sus cejas) y diga:

Prometí que te daría un espacio
sólo para ti, un tranquilo palacio.
Un lugar donde puedas respirar y vivir,
y eso es justo lo que ahora hago fluir.
Ven y entra a esta piedra donde vas a morar,
el sitio que ya puedes llamar hogar.
Guardado con cartas, seguro y sano,
donde el amor y el conocimiento están a la mano.

Bese la piedra, póngala sobre la baraja, y déjela ahí hasta que la vela se consuma. Luego guárdela junto a la baraja.

Cada vez que trabaje con las cartas, llame a su guía que está en la piedra, diciendo algo como:

Te llamo, mi guía de tarot sagrado
con amor y alegría, ven a mi lado.

La forma fácil de leer las cartas

Aunque hay muchas formas de usar el tarot, la mayoría de personas desea leerlo. Sin embargo, le huyen a la lectura por alguna de estas razones: (a) creen que deben memorizar los significados de las cartas; (b) piensan que necesitan una enorme capacidad psíquica para tener precisión; o (c) han oído que leer las cartas deja a la persona totalmente agotada. Aunque ya sabemos que la memorización y la capacidad psíquica no son necesarias, la lectura de cartas puede consumir el suministro de energía personal. No obstante, este método también se ocupa de ese problema. De hecho, a menudo tengo más energía al final de la lectura que al comienzo.

Empiece llamando a su guía de tarot y barajando las cartas. (No formule una pregunta; sólo tenga la mente despejada). Voltee las primeras tres cartas y véalas como si fueran un tira cómica sin palabras. ¿Qué están haciendo los personajes? ¿Cómo interactúan? ¿Están mirándose o dándose la espalda? ¿Qué tienen en común? Más importante aun, ¿qué historia le muestra esta combinación de cartas? Sólo responda las preguntas y estará en el camino de una lectura rápida, sencilla y precisa.

¿Aún no sabe qué hacer? Entonces digamos, por ejemplo, que el diez de copas, los enamorados y el as de pentáculos aparecen en ese orden. A partir de esto podemos suponer que el miembro de la pareja que está más cerca al diez de copas, ve la relación como un amor de toda la vida. En realidad, esta persona se encuentra tan enamorada, que está considerando un compromiso a largo plazo. Sin embargo, el otro miembro de la pareja ve la relación de manera muy distinta y se interesa mucho más en la fuente estable de ingresos que resultará de la unión. A pesar de las declaraciones amorosas y acciones edificantes de esta persona, no tiene intención alguna de comprometer su corazón de algún modo. No es un buen escenario.

Sin embargo, si las cartas en cuestión fueran el rey de pentáculos y la reina de copas, con el diez de copas en el centro, la historia sería mucho más feliz. Ambas partes estarían interesadas en un compromiso amoroso a largo plazo. Aun mejor, la situación financiera del rey es favorable y no le importa si su pareja tiene la misma solvencia. Por otra parte, la reina se encuentra feliz de ofrecer la atención amorosa y tierna que anhela este rey. Es una buena pareja en general y ambos pueden esperar mucha felicidad.

Algo más acerca de la lectura de cartas: aunque siempre es buena idea examinarlas en detalle, nunca pase por alto su primera reacción. Esto se debe a que los mensajes —incluso aquellos que considere pensamientos fugaces— a menudo provienen de la psique, y escucharlos puede marcar la diferencia entre una lectura precisa y una mediocre.

Al revés versus al derecho

Muchos lectores buenos insisten en leer cartas al revés cuando salen así. Consideran que no hay forma de obtener la información precisa a menos que estos significados sean incorporados. Y debido a que este razonamiento se basa en la lógica, desde luego parece sólido. No obstante, este es un punto en el cual difiero. Esta es la razón:

Hace muchos años, inicié una cuidadosa exploración de métodos de lectura del tarot que incluían la experimentación con cartas al derecho y al revés. Primero, leía las cartas justo como aparecían. Luego ponía al derecho las invertidas y hacía la lectura de nuevo. Lo que descubrí fue sorprendente. Las lecturas salían idénticas, y los consejos resultantes eran los mismos.

Inicialmente llegué a pensar que era casualidad, pero seguí haciendo la prueba una y otra vez. De hecho, estaba tan encantada con el fenómeno, que mi experimento continuó por seis meses e incluyó otros lectores. Nunca variaron los resultados.

Llenos de asombro, y sin saber qué hacer, nos sentamos a pensar. Al final surgió la respuesta: al igual que la vida, el tarot es un sistema de equilibrios. Para cada carta positiva hay una negativa. Y siendo ese el caso, las lecturas por lo tanto se equilibraban.

Por favor no malinterprete lo anterior. No pretendo decir que mi negativa a leer cartas al revés es la única forma de hacerlo. Sólo estoy sugiriendo que lo pruebe por sí mismo y vea lo que sucede. Tal vez descubra que no tiene necesidad personal de controversias adicionales, y que el tiempo gastado en leer cartas invertidas es empleado mejor en otra parte.

Respuestas rápidas a preguntas de sí y no

A veces, sólo necesitamos pocas respuestas; nada detallado ni fantasioso. Sólo necesitamos saber si estamos o no en el camino correcto. Y para estos tipos de preguntas sirve un simple "sí" o "no" como respuesta.

Para esos casos, baraje bien las cartas mientras se concentra en la pregunta. Luego empiece a colocarlas boca arriba, una sobre otra. Si aparece un as, deténgase e inicié otro grupo. Si no aparece ningún as, continúe adicionando cartas hasta que tenga trece. Repita el proceso hasta tener tres grupos de cartas.

Una vez que las cartas estén en su lugar, observe. Si aparecen tres ases, la respuesta es un contundente "sí". Si no aparece ninguno, la respuesta es "no". Pero, ¿qué pasa si hay sólo uno o dos ases? Esto significa una de dos cosas: usted no estaba totalmente concentrado en el asunto en cuestión, o no había disponible una respuesta basada en la pregunta actual. No hay que preocuparse. Sólo despeje la mente y formule de nuevo la pregunta en términos más simples y específicos. Luego inténtelo otra vez. La respuesta que busca vendrá en camino.

Leer para otras personas

Tal vez no consideró en hacer lecturas para otras personas cuando compró su baraja. Quizás sólo quería conocer las cartas, entender sus significados y descubrir el camino de crecimiento personal. Tal vez era un área de su parte espiritual que quería explorar por sí mismo.

Sin embargo, una vez que tenga una baraja en la mano, sucederá una de dos cosas. Muchos le pedirán que les enseñe a usar el tarot, o alguien va a solicitarle una lectura. Lo cierto es que usted no va a estar preparado para nada de esto.

La primera petición es fácil de evadir. Debido a que apenas ha empezado a explorar el sistema, no hay forma de que sepa lo suficiente para enseñarlo a alguien más. Las personas entenderán la situación y no insistirán.

Pero la segunda petición puede presentar un problema. Sin importar qué tanto se niegue o explique que no es experto en el tarot, sin duda alguien insistirá. En este caso, sólo decir "no", será insuficiente. Si no me cree, inténtelo y vea lo que sucede. Le garantizo que de repente pasará de ser la persona maravillosa y amable que todos conocen, a alguien egocéntrico que no se interesa por el bienestar de los demás. Es algo que de fijo sucederá, y no hay nada que pueda hacer al respecto, a menos que baraje las cartas y haga la lectura.[3]

Sin embargo, tal situación en realidad no es tan mala. Incluso si no tiene idea de los significados de las cartas, leer para otras personas lo forzará a confiar en sí mismo y en su guía. También hará que practique lo necesario para dominar el sistema. Y debido a que ya ha explicado que apenas es un principiante, no esperarán que lea con total precisión. Ellos quedarán satisfechos y usted saldrá bien librado.

Aun así, esa sensación de "no estar bien capacitado para hacerlo" de seguro volverá. Sé de lo que hablo, me pasó a mí. Esto es lo que sucedió:

Poco después de empezar a trabajar con el tarot, una amiga mía me hizo una propuesta. El administrador del bar donde ella trabajaba quería algo especial para atraer clientela en Halloween, y le sugirió que yo leyera las cartas. Las lecturas serían gratis para los clientes, pero podía recibir propinas. Como incentivo, el administrador ofreció 300 dólares por cuatro horas de trabajo distribuidas en dos noches.

Me encontraba en un dilema. Aunque el dinero ofrecido era atractivo, no había forma de que hiciera el trabajo. Expliqué que no tenía suficiente experiencia, que quizás no sería precisa en las lecturas y ni siquiera podría empezar a ayudar a alguien a solucionar sus problemas. En ese momento de mi vida, tenía dificultades para resolver los míos.

No obstante, afortunadamente para mí, mi amiga no aceptó un no como respuesta. Dijo que yo podía poner un anuncio de "sólo para propósitos de entretenimiento" en la mesa de lectura, de tal forma que no me preocupara por la exactitud. Las lecturas durarían sólo diez minutos, y debido a que el trabajo lo haría en la hora más ruidosa del día, lo más probable era que mis "clientes" ni siquiera oirían la lectura completa. Viéndolo de ese modo, tenía una oferta que no podía rechazar.

Llegué al bar el día señalado. Sin embargo, nada me habría preparado para lo que encontré. Ahí, frente a mi mesa de trabajo, habían al menos veinte personas en fila —¡y todas estaban esperando la lectura del tarot!—. Quise salir corriendo del salón o desaparecer en el aire. No obstante, debido a que ninguna de estas opciones era posible, enfrenté mis temores, cogí fuerzas y me senté. Entonces empecé a hacer las lecturas.

Lo que sucedió después fue una de las experiencias más increíbles de mi vida. Por primera vez, supe con exactitud lo significaban las cartas. Supe qué decir, cuándo decirlo y cómo expresarlo. Mientras pasaban los minutos era mayor mi precisión. Estaba asombrada, al igual que los clientes. Y mi bolsa de propinas mostraba la evidencia; después de la primera hora estaba rebosada.

Ser "forzada" a leer el tarot a otras personas fue lo mejor que pudo ocurrirme. También puede ser su caso. Así, cuando alguien pida que le lea las cartas, enfrente sus temores y hágalo. Quedará asombrado con lo que descubrirá —su vida cambiará para siempre—.

Leer para sí mismo

Aunque leer para otras personas puede ser divertido —y también hace que entendamos mejor el tarot—, a menudo pasa lo contrario al leer para sí mismo. Después de esta última afirmación, usted puede pensar que he perdido el juicio. Después de todo, compró una baraja de tarot para aprender el sistema. Adquirió este libro para aprender a usar las cartas para el crecimiento personal, y si no puede leer las cartas para sí mismo, ¿qué va a hacer con la baraja? Esa es una inquietud lógica. Pero antes de que cierre este libro para siempre, quiero que me escuche. Eso puede ahorrarle muchos problemas a largo plazo.

Aunque es fácil ser objetivo en las situaciones de otras personas, la naturaleza humana entra en juego cuando examinamos nuestros propios dilemas. Esto se debe a que estamos demasiado cerca a la situación. Conocemos todos los flancos; ya hemos formado opiniones personales. Siendo ese el caso, las emociones no pueden dejar de interponerse. Es muy difícil disociarnos hasta el punto de ser objetivos. De hecho, es casi imposible.

Pero incluso saber eso no nos detiene. De todos modos seguimos adelante con esos sentimientos y opiniones personales. (Después de todo, deberíamos saber lo que sucede, y las cartas lo dirán). Debido a que las cartas pueden significar muchas cosas diferentes —y obviamente aquí no hay objetividad personal—, ya no tenemos una situación en la que "tenemos lo que vemos". En lugar de eso, buscamos escapatorias. Con desespero intentamos encontrar el mejor escenario. Es sólo la naturaleza humana actuando, y por desgracia, no se obtiene una lectura muy precisa.

Dicho esto, creo que es mucho más efectivo que otra persona le lea el tarot —especialmente si en realidad necesita consejos sólidos—. Esto no quiere decir que no debería practicar sus habilidades de lectura, o tal vez sacar una carta cada mañana para tener una idea general de cómo será su día. Lo que pretendo decir es que, a menos que pueda ser tan objetivo sobre su propia vida como lo sería con la de un extraño, su intuición natural puede ser eclipsada por el autoengaño.

Notas

1. Algunos eruditos creen que la palabra "gitano" es una derivación de la palabra "egipcio". Otros insisten en que los gitanos se originaron en Europa y no tienen relación alguna con la cultura o el mundo egipcio.
2. Estas cartas son conocidas en la actualidad como los arcanos mayores.
3. Para métodos de lectura, vea el apéndice D al final de este libro.

2

Las cartas

La mayoría de personas no sabe que el tarot es mucho más que una baraja. Aún cuando su presentación ha sido asociada a las cartas, hay una razón para la forma en que está dividido.

Los arcanos mayores —o triunfos— son numerados de 0 a 21; y cuando son puestos en orden, muestran el viaje por el camino de la vida. El viaje en sí comienza y termina con el loco, el personaje que representa cada uno de nosotros a medida que buscamos y absorbemos conocimiento.

Primero debe saber que el loco no es un idiota; no representa una incapacidad de aprendizaje o deficiencia mental. Simplemente él no es consciente de todo lo que hay que aprender, y como tal, es un recipiente vacío que sólo espera ser llenado. En realidad, una vez que lo conozca y entienda, descubrirá que es un personaje muy tranquilo e interesante —del cual se sentirá orgulloso de representar—.

Antes de emprender su viaje personal, hay algunas cosas que debe entender acerca de los arcanos mayores, en especial a sus frecuentes apariciones en las lecturas. Por un lado, representan cosas que nos afectan pero están fuera de nuestro control. Con frecuencia —incluso cuando nos ocupamos de nuestros propios asuntos— terminamos en situaciones que no iniciamos y normalmente no hubiéramos experimentado. Aun así, ahí estamos —tropezando y buscando una solución razonable—.

Aquí, las cartas de arcanos mayores nos recuerdan que el enredo en que estamos no es nuestra culpa —lo cual es bueno saberlo cuando la vida parece estar en un total caos—, sino que es producto de una serie de pasos predeterminados para enseñar una lección personal. El resultado final, por supuesto, sólo depende de nosotros. La manera en que manejemos el problema, definitivamente afectará los giros futuros en el camino personal.

Aunque estas cartas siempre dan luz a situaciones que no comprendemos, el poder que tienen es muy superior. En pocas palabras, nos recuerdan que nunca estamos solos en el camino personal, que fuerzas invisibles siempre están presentes para ayudarnos o estorbarnos a lo largo del camino. Una vez que entendemos eso, suceden dos cosas. Primero, nos damos cuenta que no necesariamente somos culpables de cada problema encontrado. Segundo, y aun más importante, empezamos a comprender que no somos personalmente responsables de cada golpe de suerte que tenemos en nuestro viaje. En lugar de eso, los vemos como lo que son: palmaditas sobre la espalda dadas por una fuerza superior, y regalos que nos estimulan a seguir adelante y a crecer mientras luchamos por completar nuestro viaje personal. Habiendo dicho eso, ¡empecemos!

El viaje de los arcanos mayores

Aunque el viaje en cuestión empieza con el *loco*, éste no es un loco en lo absoluto. De hecho, nada podría estar más lejos de la verdad. Él llega a esta vida con todo el conocimiento del universo, y debido a que no ha tenido relación con las expectativas sociales, está abierto a todo lo que lo rodea. En otras palabras, no tiene miedo. Está dispuesto a hacer o intentar cualquier cosa, sólo por ver qué sucede.

Eso está bien. Pero, si el loco ya posee todo el conocimiento, ¿cuál es el propósito del viaje? ¿No es una pérdida de tiempo? No. El problema es que el loco no sabe qué hacer con el conocimiento que tiene. No tiene idea de cómo usarlo, aplicarlo o emplearlo para el bien de todos. Él no posee la sabiduría de la experiencia, y de eso es lo que se trata el viaje.

El loco inicia su viaje brincando a lo largo del camino, sonriendo maravillado por la belleza que lo rodea. Sin embargo, no llega lejos, cuando se encuentra al *mago*. Este es un encuentro importante, porque el mago no sólo es un personaje inteligente que tiene un control total de los elementos, el funcionamiento del universo y los poderes de manifestación, también sabe cómo engranarlos para el bien de todos. Después de hablar un poco, el mago decide enseñarle a su nuevo amigo. En poco tiempo, el loco aprende a cambiar su propia realidad y la de otros a lo largo de su camino. De este modo, aprende la importancia de la sabiduría.

Por supuesto, esto lo guía a la *sacerdotisa* —porque mientras la manipulación universal se da en el reino del mago, todos los misterios se encuentran en los dominios de la sacerdotisa—. Aquí, el loco conoce las fuerzas invisibles, el equilibrio de la luz y la oscuridad, y las alegrías del mundo espiritual. Aprende a confiar en lo que no puede ver, oír ni coger. Aunque él entiende perfectamente esta dimensión, no comprende el entusiasmo que ahora siente en lo profundo de su corazón.

Por esta razón, la sacerdotisa lo envía a la *emperatriz*, la poseedora del amor incondicional. En este momento, el loco empieza a experimentar las alegrías del estímulo enriquecedor e inicia el crecimiento. Bajo el tierno cuidado de la emperatriz, aprende que la semilla de la vida es el amor —ese sentimiento maravilloso que florece en su corazón—, y que toda creación y abundancia surge cuando se siembra. El único problema es que él no está seguro de qué hacer con el amor.

Eso lo conduce al *emperador*, el maestro de los consejos sabios. Debido a su experiencia comprobada, él tiene la facilidad de explicar el proceso. Pero eso no es todo; también explica que otras cosas —la responsabilidad al actuar, un equilibrio entre dar y recibir, y la disposición a mejorar como persona— son necesarios para vivir en el mundo real. El emperador continúa enseñándole acerca de buscar siempre la verdad, la importancia de un juicio sensato y el valor de una buena toma de decisiones. Aunque todo esto está en el entendimiento del loco, aún no comprende por qué las cosas son como son.

Debido a que esto no se encuentra dentro del reino del emperador, envía al loco hacia el *sacerdote.* Aquí es donde el loco se enfrenta por primera vez con el miedo —miedo a la vergüenza, al juicio y la presión de los demás—, pues el sacerdote lo introduce a la sociedad y sus expectativas. Comprende la tradición (con lo absurdo que pueda ser), el estatus y los convencionalismos. Pero el sacerdote complica un poco las cosas. Le recuerda al loco que nunca olvide lo que realmente es, sin importar lo que otros esperen —porque sólo así permanecerá fiel al propósito de su vida—.

Confundido pero resuelto a comprender las cosas, el loco se encuentra con los *enamorados.* Esto sólo sirve para frustrarlo más, porque aunque ellos se mueven separadamente, también lo hacen como unidad. Aquí llega a entender dónde el amor —esa maravillosa semilla del reino de la emperatriz— coge raíces y crece. Y que aunque uno puede aferrarse a la individualidad, la unión de dos almas hace mucho más llevaderas las dificultades y tribulaciones de la vida. El único problema es que para amar a alguien de esta forma, son necesarios ciertos riesgos —principalmente el rechazo y la posibilidad del despecho—.

Debido a que el loco no comprende con claridad, se apresura en el camino hasta encontrarse con el *carro.* En este punto, empieza a ver que la acción siempre es necesaria para cumplir nuestros deseos —sin importar el riesgo involucrado—. Él entiende que el viaje puede estar lleno de obstáculos, ser tranquilo, o tomar tantos giros que se requiera de toda la energía que uno puede acumular sólo para sostenerse. Pero nada de eso importa. Lo crucial es la decisión inicial de subirse al carro y el valor para seguir adelante.

De este modo, el loco entra al carro y continúa el viaje hasta llegar a una bifurcación en el camino. Un caballo toma por un lado y el otro sigue la dirección opuesta. De repente, el carro se vuelca, lanzando al loco a los pies de la *fuerza.*

De todos los personajes que ha conocido en su viaje, este es el que más desconcierta al loco, porque en lugar de la fuerza bruta que esperaba ver, encuentra un alma amable, protectora y modesta. Cuando el loco cuestiona su poder, ella explica que la verdadera fuerza —la que mueve montañas y gobierna territorios— es de naturaleza muy sutil; es tranquila y pacífica. A menudo se encuentra en el silencio y en la capacidad de permitir que otros cometan sus propios errores. Pero el loco —siendo el buscador que es— quiere saber de dónde proviene. Debido a que no puede responderle, la fuerza lo envía al *ermitaño.*

Durante su charla con el ermitaño, todo empieza a tener sentido para el loco. Juntos emprenden un viaje interior —un viaje a través de los tranquilos escondrijos de la mente y el espíritu—, y él descubre que la fuerza proviene de las profundidades del ser. Pero eso no es todo. Descubre que el resto de lo que busca también se encuentra ahí, y que si no puede encontrarlo interiormente, nunca lo hallará en otra parte. Satisfecho y cansado, reposa seguro de que su viaje ha terminado.

Sin embargo, el ermitaño lo envía a buscar la *rueda de la fortuna*. Aquí, el viajero aprende la importancia de la transformación y las leyes de la gravedad espiritual. Empieza a entender que la vida es una serie de altibajos, y que el cambio —aunque no siempre agradable— es necesario. Pero, incluso mientras él gira con la rueda, creciendo y cambiando, cuestiona la justicia de todo esto. Él no puede entender por qué la buena suerte parece tan fugaz y la adversidad es más duradera. Debido a que la rueda gira sin respuesta, el loco sigue en búsqueda de la *justicia*.

Al encontrarse con la balanza, queda más frustrado que nunca. Pero sabiendo que hay una lección para aprender, se detiene a observar. La balanza se inclina y gira, se mueve de una y otra forma. Como cada carga es pesada, medida y explicada, al final entiende el mensaje. Aunque la vida no siempre parece justa, él entiende la necesidad de un sistema de controles y equilibrios. Sin ellos, razona, no valdría la pena experimentar la vida misma.

Con eso en mente, sigue adelante, comprendiendo de algún modo que las lecciones en la balanza apenas han empezado. Cuando se encuentra al *colgado* —suspendido en el aire y balanceándose con un pie sujetado de una cuerda—, sabe lo que debe hacer. Pero al ofrecer ayuda a su nuevo conocido, el colgado la rechaza y explica que es necesario aprender a vivir igualmente en el mundo físico y el espiritual; que demasiado tiempo en uno u otro crea desequilibrio. Cuando el loco entiende esto, inicia su marcha, pero antes el colgado le da un consejo final: nunca estés tan sumergido espiritualmente que no puedas cumplir tu función en el mundo terrenal. Y el loco medita este consejo mientras avanza a lo largo del camino.

Por supuesto, todo se aclara cuando se encuentra con la *muerte* —porque aunque es un ser espantoso, el viajero sabe que debe seguir adelante hasta terminar el viaje—. Así que se dirige a abrazar a su nuevo amigo. También es algo positivo, ya que con el abrazo el loco entiende que la muerte no es espantosa en lo absoluto. Y aunque es el fin de todas las cosas, también trae nuevo crecimiento, comienzos infinitos y el reino de posibilidades ilimitadas. De este modo, armado con el poder del renacimiento y una mente llena de visión y deseo, el loco agita la mano despidiéndose y sigue de prisa por el camino.

Sólo cuando se encuentra con la *templanza*, comprende por completo cómo manejar su nuevo poder, porque es aquí que conoce un tipo diferente de equilibrio y autocontrol. Logra entender que nada es en sí bueno o malo. Eso es importante para obtener lo que la vida ofrece. Pero cómo se usa esta cualidad y qué proporciones marcan la diferencia.

Contemplando las maravillas de la moderación, el loco continúa su alegre viaje, brincando, riendo y deteniéndose a oler las flores. De repente se detiene. Acaba de ver al *diablo* —un ser mucho más aterrorizante que podía incluso manejar la muerte—. Con su corazón palpitando lleno de inquietud, el loco se acerca más —paso a paso— porque sabe que hay algo que debe aprender de todos en el camino. Si él se rinde ahora, es seguro que nunca terminará el viaje.

Por supuesto, el diablo considera la situación divertida, pues sabe que él es espantoso. Bufando y riéndose entre dientes con regocijo, llama con señas al loco hasta que finalmente quedan cara a cara. Es aquí donde el loco aprende que el diablo sólo es un ser producto de la imaginación que la humanidad misma le da poder. Descubre que la incapacidad de aceptar lo que la vida ofrece, lo hace crecer y el factor codicia le da fortaleza. Y que si tan solo se viera a sí mismo como alguien valioso, negándose a sabotearse, el diablo simplemente desaparecería en el aire.

Emocionado con este nuevo conocimiento —y el hecho de que aún está íntegro— el loco sigue su viaje hasta que escucha una explosión. Corre hacia el sitio donde se originó el ruido, seguro de que alguien necesita su ayuda. Sin embargo, lo que encuentra es una *torre* en medio de una completa autodestrucción. Teniendo en cuenta las lecciones del diablo, el loco repentinamente ve el problema. Aunque la torre es una edificación fuerte, la base es defectuosa. En realidad, está construida sobre arena —y siendo ese el caso, no puede superar la prueba del tiempo—. De esto, el loco aprende que todo lo valioso —las relaciones en particular— debe ser construido sobre una base sólida. Esto significa honestidad, confianza y la capacidad de avanzar en la vida siendo fiel a uno mismo.

De este modo, el loco sigue adelante —deambulando de un lado para otro— hasta que al encontrarse con algo de una gran belleza, debe detenerse por un momento para observar en detalle. El objeto de su asombro es la primera *estrella* de la noche, y él la observa salir en el cielo iluminado por la Luna. Totalmente encantado, cuestiona la belleza de la estrella y cómo se originó. A través de la conversación, logra entender que la vida es más que una serie de pruebas —también es un camino donde se hacen realidad los deseos y sueños—. Él sólo tiene que querer algo tanto que se sumerja en ese deseo, canalice su energía hacia el objetivo, y le pida a la estrella que lo haga realidad. Piensa en un ferviente deseo y da la vuelta para seguir su camino.

Sin embargo, no puede evitar voltear a ver la estrella de nuevo, y cuando lo hace, aparece otro objeto hermoso: la *Luna* en todo su esplendor. Enorme y llena, y entretejiendo su hipnótico hechizo, parece estar tan cerca como para tocarla. El loco, sin entender, no puede resistir el deseo de abrazarla. No obstante, sin importar qué tanto lo intente, todo lo que coge es el vacío. De esto aprende que la vida no siempre es lo que parece, que vale la pena ser consciente de los hechos y mantenerlos cerca, y que aunque la vida sea hermosa y preciada, también tiene una trampa traicionera —la trampa del autoengaño— el riesgo más común encontrado a lo largo del camino de la vida.

El cielo oscurece más hasta quedar negro, mientras el loco avanza apresurado en su viaje. De repente todo se aclara de nuevo. La fuente de la luz es el *Sol*, un gran orbe ardiente en lo alto del firmamento. Por supuesto, el loco sabe que no puede alcanzarlo —recuerda lo que sucedió con la Luna— pero no puede resistir el impulso de recibir su resplandor y sonreír frente a su parpadeo. Caminar bajo el suave calor aligera su paso, le llena el corazón y lo hace sentir bien por completo. En este momento, el loco empieza a comprender el verdadero regalo del Sol y su significado. Ese es el éxito y todo lo que implica. El loco entiende que el éxito es lo que surge de cruzar obstáculos y neutralizar temores.

De este modo, sigue su viaje sintiéndose muy bien consigo mismo. En realidad, dotado con el calor del Sol, decide que es la más grande creación. Todos los demás seguramente están debajo de él. Continúa gozando de su recién adquirida arrogancia hasta que el *juicio* aparece. Aquí el loco descubre la importancia de escuchar la voz interior —ese susurro débil que lo mantiene consciente de los sentimientos de otras personas, de lo que es justo— que le recuerda ayudar a quienes son menos afortunados que él. Y debido a que ahora comprende que el poder del éxito siempre debe ser moderado con un profundo sentido del bien y el mal, además del respeto por quienes lo rodean, el loco reanuda su viaje.

Sin embargo, sólo cuando se encuentra con el *mundo* todo empieza a tener sentido. Comienza a ver que los mensajes de los personajes que se cruzaron en su camino —desde el mago hasta el juicio— están entretejidos, y que sus mensajes y consejos lo han conducido a donde ahora se encuentra. Porque con la ayuda de ellos, el loco ha alcanzado lo máximo —se ha convertido en lo mejor que puede— y ha llegado al final de su largo viaje. Con mucho esfuerzo y total determinación, el loco ha alcanzado el mundo —la meta final— y el reino de todo logro. Ahora todas sus acciones dependen sólo de él.

Arcanos menores

Ahora que hemos hecho el viaje de los triunfos, es tiempo de ver los arcanos menores. Estas cartas están divididas en cuatro secciones —bastos, espadas, copas y pentáculos—, y cada una, a menudo llamada palo, corresponde a un elemento particular y su dirección. Así como nada es definitivo en cuanto a los consejos del tarot, tal es el caso de estas correspondencias. El palo de espadas, por ejemplo, a menudo es asociado con el aire. ¿Por qué? Simplemente por la capacidad de la espada para pasar a través del aire y llegar a su destino. Sin embargo, yo no estoy de acuerdo con esta teoría. Mi razonamiento es que las espadas son forjadas en metal, y se requiere mucho calor para elaborar una hoja fuerte. Viéndolo desde este punto de vista, el palo de espadas se encuentra en el reino del fuego.

Entonces, ¿quién tiene la razón? ¿Alguien sabe en realidad qué querían decir los creadores originales del sistema?

En verdad, nadie está equivocado, pero tampoco nadie tiene la razón. El tarot funciona porque se ajusta a nuestra individualidad y camino espiritual, y según a lo que parezca apropiado para cada persona. Teniendo en cuenta esto, siéntase libre para modificar las correspondencias aquí presentadas. Después de todo, estamos hablando de su propio camino, y debe seguir lo que sienta correcto para usted.

Sin embargo, lo único fijo de los arcanos menores es el papel que cumple en el tarot. En otras palabras, estas cartas representan los eventos de la vida que caen dentro de nuestro control: logros, errores, alegrías y tristezas.

No obstante, más importante aún, nos dan una clara y objetiva visión de lo que somos y dónde nos encontramos. Pero eso no es todo. También señalan los pasos que damos para lograr el resultado final. Esto es algo grandioso, porque al darnos cuenta de cómo llegamos del punto A al punto B, podemos hacer elecciones informadas, duplicando los pasos que guiaron al éxito. También tenemos la ventaja de saber por qué otros pasos terminaron en desastre. Este conocimiento facilita el viaje de la vida y nos impide cometer los mismos errores una y otra vez. Además, nos recuerda que aceptar la responsabilidad por nuestras acciones —algo que a menudo olvidamos— es necesario para seguir el camino personal.

Habiendo dicho lo anterior, ¡empecemos! Sin embargo, recuerde que si no considera apropiada para usted una correspondencia, sólo cámbiela para que se ajuste a sus necesidades. Es la única forma en que podrá aprovechar al máximo el tarot, algo necesario para traer iluminación a lo largo del camino personal —su propio camino—.

Bastos

El palo de bastos pertenece al elemento aire y simboliza su fuerza en nuestra vida. A nivel mundano, el aire es algo imprescindible para vivir, debido a que provee el oxígeno que respiramos. Pero hay más: enfría y refresca, e impide que el intenso calor del Sol queme la tierra y sus habitantes. Dependemos de él para sembrar semillas, evita que el suelo se compacte en una dureza impenetrable. También controla otras cosas en las que rara vez pensamos: nuestro sentido del sonido, del olfato y, a mayor grado, el sentido del gusto.

Sin embargo, en otro nivel, el aire brinda mucho más. Es responsable del proceso de comunicación; produce pensamientos e ideas, estimula el flujo de inspiración, y es la matriz de la cual surge toda creatividad. Y debido a esto, también nos brinda una plétora de comienzos y nuevas perspectivas.

Cuando en una lectura aparecen muchos bastos —a menudo representados como ramas con brotes— nos provee la gran cantidad de maravillas de la vida. Nos trae una nueva actividad, productividad y esperanza para el futuro. Nos recuerda que aunque la vida es un proceso de constante cambio y desarrollo, estamos en el buen camino. Todo lo que debemos hacer es seguir esa dirección, dejar que la suave brisa del aire despeje el camino, y usar la inspiración ganada para acelerar el viaje.

Espadas

Por las razones discutidas anteriormente, asocio el palo de espadas con el elemento fuego. Vemos fuego en todas partes. Está en la luz del Sol y las estrellas, y en la danza de la llama de una vela. Apareciendo como electricidad, energía nuclear y luz láser, facilita nuestra vida y nos ayuda a recorrer el camino. Pero eso no es todo. Invisiblemente alimenta la chispa de la pasión humana estimulando nuestros deseos personales, moviéndonos hacia los objetivos y, al final, llevándonos a la victoria. Es algo de lo que no podemos prescindir.

Sin embargo, a pesar de su importancia, también tiene su lado negativo. Debido a su intensa energía, no es contenido fácilmente. Esto significa que puede arder fuera de control, y cuando eso sucede, las mismas propiedades, que son beneficiosas, pueden quemar, dejar cicatrices, lisiar y destruir.

Por estas razones, las espadas indican la necesidad de acción agresiva. Recuerdan que nos protejamos del inminente peligro. Nos recuerdan que defendamos nuestros bienes y pertenencias. Pero, lo más importante, nos mantienen conscientes de que debido a este poder tiene doble filo, debe ser manejado con mucho cuidado. Sin prudencia y sabiduría, no hay victoria; sólo terminamos cortando nuestra propia garganta.

Copas

El palo de copas pertenece al elemento agua, la fuente de la vida. En un nivel mundano, el agua enfría y contrae, refresca y limpia, e incluso estanca. Son muchas sus formas naturales —lluvia, hielo, nieve, niebla, rocío— y todas son importantes. También mantiene nuestro cuerpo funcionando bien al proveer sudor, lágrimas y el líquido necesario para el adecuado flujo sanguíneo. De hecho, si no fuera por el agua, toda manifestación de vida —humana, animal y vegetal— dejaría de existir.

La Luna gobierna el elemento agua, pero rige algo más que también es importante: nuestro corazón y sentimientos. Por tal razón, las copas no sólo representan todos los niveles de las emociones humanas, sino que forman el corazón del tarot. Esto significa que reflejan todos los sentimientos —remordimiento, tristeza, felicidad romántica o incluso esa rabia esporádica producida por los celos— y sus efectos posteriores.

Es importante recordar que las emociones tienen su lado negativo, y lo esencial es la forma en que se manejan. Debido a que nuestro rango de emociones puede subir, bajar y crear curvas cerradas en nuestra vida, debemos proceder con cautela. Sólo con pasos firmes y seguros podemos esperar un avance exitoso por el camino personal.

Pentáculos

Asociados con abundancia, los pentáculos representan la fertilidad de la tierra. Sus ofrendas son inmensas. Ofrece suelos fértiles para nutrir la vida vegetal que brinda alimento y belleza. Origina la madera, papel, vidrio, metal y otros elementos necesarios para nuestra supervivencia. Pero fuera de eso, ofrece algo mucho más importante: una base sólida en la cual podemos vivir, trabajar y gozar.

Debido a que el elemento tierra proviene de una combinación de aire, fuego y agua en sus formas más sólidas, los pentáculos consideran todos los elementos para su riqueza. Indican abundancia y fructuosidad, oportunidades, negocios, éxito y buena fortuna en general. Pero eso no es todo. También traen golpes de suerte financieros, estatus y realización. Por estas razones, los pentáculos siempre son bienvenidos en cualquier lectura.

No obstante, así como la tierra es fértil, también denota aspectos negativos. Puede manifestar estancamiento y pereza. Demasiada puede incluso originar graves casos de obstinación. Por esta razón, recuerde mantener la mente en sus cosas, ponga atención a todo lo que ocurre a su alrededor y, sobre todo, dé los pasos necesarios para conservar la buena suerte que los pentáculos dan. De otra manera, todo puede desmoronarse en un momento y terminar como partículas de polvo en el viento.

Cartas de figura y cartas numéricas

Así como los arcanos mayores se dividen en cuatro palos, cada palo está separado en dos secciones —cartas de figura y cartas numeradas—, y cada una tiene su propósito. Las cartas de figura muestran reyes, reinas, caballeros y pajes. Estas imágenes son importantes porque gobiernan el palo y ayudan a entender su significado dentro del tarot. A veces representan personas que juegan un papel importante en nuestra vida. En otras ocasiones, reflejan las llaves que abren los eventos que se presentan. En cualquier caso, tienen un lugar primordial en la lectura.

Las cartas numeradas también desempeñan su función. Tomando sus indicaciones de las cartas de figura de cada palo, significan causa y efecto y los eventos específicos que condimentan nuestra vida. Esto es importante porque nos da discernimiento de lo que ocurrió, estuvo mal y lo necesario para retornar el equilibrio a las cosas. Sin estas cartas, no tendríamos forma de saber si el camino actual vale la pena o sería mejor cambiar de dirección y hurgar en otras áreas. Es información que no se puede ignorar.

Así como los triunfos, cada carta de los arcanos menores tiene su significado y propósito. Ese proceso de descubrimiento se lo dejo a usted. Sin embargo, cada grupo de cartas —reyes, reinas, ases, dos, etc.— tiene una serie común de valores que une a sus miembros, creando una especie de adhesivo informativo. Una vez entendidas, estas verdades abrirán la puerta a una fácil resolución de los significados específicos de las cartas individuales del grupo. Para su conveniencia, los he compendiado a continuación.

Significados generales de las cartas de figura

Reyes

Aunque este grupo indica autoridad y experiencia, es importante anotar que el poder de sus miembros individuales yace sólo en las áreas de sus palos personales. Por ejemplo, el rey de pentáculos es poderoso en cuanto a estabilidad y ganancia económica, mientras el rey de copas es más fuerte en asuntos del corazón. Sin embargo, en general, este grupo es de consejos sabios, gobierno mundano y estatus. Sus miembros también pueden significar individuos particulares que juegan un papel importante en nuestra vida.

Reinas

Aún cuando este grupo, al igual que el anterior, posee el poder de sus palos individuales, tiene poco que ver con la autoridad mundana. Por el contrario, ejerce dominio sobre nuestros sentimientos más profundos y controla lo que no podemos ver. Los miembros de este grupo comprenden la importancia de las emociones y la necesidad de alimentarlas y cultivarlas. También poseen las llaves para abrir la psique, y nos recuerdan escuchar la voz interior y seguir su consejo a fin de desarrollar el poder intuitivo necesario para entender nuestros propios misterios personales. Este grupo puede además representar personas específicas que encontramos en el camino del desarrollo personal.

Caballeros

Este grupo es de acción, y sus miembros toman sus indicaciones de los palos que representan. Entran precipitadamente en conflicto, porque su fortaleza son las estrategias para ganar la guerra. Debido a que son impulsados por energía pura y desenfrenada, a menudo indican dónde yacen nuestros poderes, el enfoque personal y los pasos que estamos dispuestos a dar para alcanzar las metas. Aunque este grupo también puede representar personas específicas, con frecuencia éstas actúan como precursores de viajes, aventura y un gran aumento de actividad personal.

Pajes

Son los mensajeros oficiales de la familia real. Los miembros de este grupo actúan como los mensajeros. Su aparición significa la necesidad de examinar situaciones, sugerir un plan de acción y dar los pasos necesarios hacia la resolución total. Esto a menudo incluye probar suerte, correr un riesgo o explorar algo que normalmente no intentaríamos. Sin embargo, el trabajo de este grupo es mostrarnos que tal acción no sólo es esencial para el crecimiento y desarrollo personal, sino que también es un componente necesario para ayudarnos a abarcar una mayor posibilidad. Como en los otros grupos de figuras, estas cartas también pueden simbolizar personas —pero cuando eso pasa, por lo general representan individuos que aún no han llegado a la edad adulta—.

Significados generales de las cartas numéricas

As

Como el número "uno" significa el comienzo, tal es el caso de este grupo. Gobernando el ser, los ases traen muchos tipos de nacimientos e iniciaciones personales, y oportunidades variadas. Debido a que a menudo representan el semillero de potencial personal, los cambios de perspectiva y las nuevas ideas también están dentro de esta esfera.

Dos

Este grupo representa el equilibro y la dualidad universal. Indica un esfuerzo cooperativo entre opuestos —masculino y femenino, oscuridad y luz, lo espiritual y lo mundano, etc.— y un funcionamiento conjunto de las polaridades para alcanzar resultados exitosos. Debido a que la intuición personal también se antepone, a veces es vista como el factor estabilizante —el comienzo de un acto equilibrante— entre lo visible y lo invisible.

Tres

Al igual que el anterior grupo, éste indica cooperación. Sin embargo, puede ser un trabajo en equipo para producir la manifestación de objetivos y deseos personales. A menudo significa que la ayuda está en camino, y que los amigos y conocidos harán su parte siempre que sigamos trabajando enfocados en el propósito en cuestión. También puede significar la maduración de un período de expresión de la personalidad, y la cooperación de mente, cuerpo y espíritu para hacer que los sueños se hagan realidad.

Cuatro

Este grupo es muy importante porque indica momentos de cambio personal y los efectos estabilizantes que tienen en nuestra vida. También señala las limitaciones que establecemos para nosotros mismos, las puertas de oportunidades que dejamos de abrir y la forma que escogemos para llevar a cabo proyectos personales. El grupo numérico de los cuatro es el más estable, y sus miembros a menudo actúan como los guardias de seguridad del tarot.

Cinco

La vida está llena de un gran surtido de cambios y alteraciones. Agradables o no, estas modificaciones son siempre necesarias para el crecimiento personal, y esto indica exactamente el grupo de los cinco. Muestra los desafíos personales que se cruzan en nuestro camino, y ofrece el discernimiento necesario para enfrentarlos mientras continuamos el viaje de la vida cotidiana.

Seis

Cuando este grupo aparece, es importante un enfoque sensible, porque significa lo que sentimos en nuestro corazón. Indica amor, armonía y equilibrio emocional. Pero, más importante aún, este grupo señala las formas en que podemos manifestar estas cosas en la vida y brinda discernimiento respecto a los pasos apropiados a tomar, además de los patrones problema que necesitan revisión.

Siete

Este grupo indica independencia personal y sugiere la disciplina necesaria para madurar y convertirnos en adultos plenamente desarrollados. Señala el trabajo requerido para triunfar en la vida y la tenacidad esencial para obtener resultados exitosos. Con este grupo no se permite la holgazanería. Sin duda, es el trabajador esforzado del tarot.

Ocho

Las claves de este grupo son el desarrollo y la expansión. A menudo refleja un período de reevaluación y la necesidad de hacer cambios en prioridades y perspectivas personales. Aunque estos cambios no siempre son fáciles o agradables, proveen el catalizador necesario para convertirnos en lo que fuimos destinados al nacer. La única precaución aquí es recordar que el crecimiento exitoso toma tiempo y planificación. Siendo ese el caso, debemos tener cuidado de no morder más de lo que podemos masticar.

Nueve

Aunque este grupo claramente implica retos, su hilo común tiene muy poco que ver con los obstáculos que se presentan, o las cartas que la vida nos reparte. En lugar de eso, involucra la forma en que jugamos nuestras cartas para enfrentar tales retos, y cómo manejamos situaciones relacionadas para alcanzar metas. En un grado más bajo, este grupo también refleja suerte y realización mágica ¡y eso es algo de lo que nunca tenemos suficiente!—.

Diez

Este grupo involucra comienzos, finales y el período de regeneración necesario para empezar de nuevo. También indica causa y efecto, y la aceptación de la responsabilidad personal por nuestras acciones y reacciones. Cualquier cosa asociada con este grupo sucede a lo grande —tanto que casi siempre nos deja sin aliento—. Siendo ese el caso, esté preparado cuando aparezcan los diez. Lo que traen —positivo o negativo— sin duda lo dejará perplejo.

3

El proceso de autodescubrimiento

Ningún libro sobre el tarot estaría completo sin una explicación de cómo se relacionan las cartas con la vida cotidiana, y éste no es la excepción. Sin embargo, el material que encontrará aquí no es igual al de otras publicaciones. Hay dos razones para esto. Por un lado, esta sección se diseñó sólo para ayudarlo en el camino personal, y por ello veremos cómo se aplican en usted las cartas de arcanos mayores en forma individual. Segundo, e igual de importante, los significados de las cartas tienen variables. Pueden variar de persona a persona y de lectura a lectura. Esto significa que las mismas definiciones no siempre se aplican. El tarot no ha sido creado de esa forma.

Por ejemplo, una vez tuve la oportunidad de observar una lectora con más de 35 años de experiencia. Lectura tras lectura, la observé colocar las cartas. Encomendé a la memoria sus palabras. No obstante, al final del día, debí admitir que estaba más que confundida.

La carta del sacerdote había aparecido varias veces durante el día. Y cada vez, parecía tener un significado diferente. Una vez fue una figura religiosa; en otra aparición representó a alguien que estaba preocupado de lo que podrían pensar los demás. Antes de terminar el día, también había significado talentos ocultos, sentimientos no expresados y muchas otras cosas.

Sin embargo, fue su aparición final la que realmente me irritó. Cuando la lectora volteó la carta, se rió tontamente. Y luego, sin pestañear dijo: "¡alguien en esta relación sólo quiere sexo!". Esa afirmación no la habría asociado con el sacerdote —o con otra carta de la baraja—. Sin embargo, resultó que la lectora tenía razón, pero yo no podía comprender tal significado.

Por fortuna, la lectora me ayudó a descubrir mi problema. Aunque los significados de las cartas efectivamente tienen tendencias generales, no hay reglas inflexibles. Por ejemplo, veamos el sacerdote. Aunque por lo general significa una persona religiosa o alguien sumergido en los patrones sociales, eso puede implicar muchas cosas. Si una persona trata de cumplir las expectativas de la sociedad, por ejemplo, puede no mostrar su verdadera esencia. ¿Por qué? Porque se preocupa de lo que el resto del mundo podría pensar, tal vez teme el descubrimiento y desarrollo de un talento único, o tiene miedo de expresar sus ideas. Sí, esa persona podría incluso preocuparse de que alguien descubra que sus preferencias sexuales no cumplen las expectativas sociales. Y de este modo, vive una mentira con el único propósito de ajustarse a un mundo que quizás no la entendería.

Viendo las cosas desde este punto de vista, el sacerdote se torna multifacético —y no es una excepción a la regla—.

Las otras cartas también son igual de complejas. Por esta razón, dos cosas son imprescindibles al trabajar con este capítulo. Primero, tome tiempo para meditar sobre las cartas personales. (Para más información, vea la sección de meditación con cartas del capítulo 1). Segundo, y tal vez más importante, siempre siga su primera impresión, sin importar lo que he listado en las siguientes directrices. De otra manera, podría llegar a creer en algo diferente a lo que considera cierto. Y cuando se trabaja en el desarrollo personal, lo importante es lo que sea verdadero para usted.

Carta del espíritu

Aunque todos tenemos una razón para existir, nuestro propósito a menudo no es claro. Por eso tropezamos constantemente tratando de comprender a dónde pertenecemos y por qué. A veces tenemos éxito, pero por lo general ese no es el caso. ¿Por qué? Porque no sabemos dónde buscar ayuda.

Afortunadamente, el tarot puede guiar el camino. Todo lo que se requiere es realizar una simple suma y los arcanos mayores de la baraja.

Sume los dígitos de su fecha de nacimiento. Por ejemplo, el 6 de mayo de 1955. La ecuación es la siguiente:

5 + 6 + 1955 = 1966

1 + 9 + 6 + 6 = 22

En este caso, el total es 22 —el número mayor que podemos usar en este ejercicio—. Reduzca de nuevo los números mayores que 22. (Por ejemplo, la suma de 23 es 5).

Escoja el arcano mayor que corresponda a su número (para el 22, use el loco; su número es el cero) y vea los significados y consejos de la carta del espíritu presentados en las siguientes páginas. Luego examine la carta con cuidado y siga con el proceso de meditación. Recuerde poner mucha atención a los mensajes que recibe, porque guiarán su camino espiritual de ahí en adelante.

Significados y consejos de la carta del espíritu

0 (22): El loco

Si ésta es su carta, su espíritu está pidiendo conocimiento. Siendo ese el caso, debe absorber tal conocimiento. Estudie, aprenda y comparta sus descubrimientos con los demás. Sea consciente de que quienes aprenden de usted, también tienen algo que enseñarle.

1: El mago

Si el mago es su carta del espíritu, tiene un propósito muy importante. Está aquí para solucionar problemas, arreglar relaciones y girar las situaciones para el bien de todos. Sin embargo, no se abrume, resuelva una cosa a la vez, y sepa que el mundo será un lugar mejor gracias a sus esfuerzos.

2: La sacerdotisa

La sacerdotisa indica unión. Y cuando aparece como la carta del espíritu, señala un vínculo directo entre los mundos del espíritu y lo mundano. Sepa que usted es el conducto del cual fluye toda la información, y debe ayudar a que otras personas estén equilibradas entre los dos planos.

3: La emperatriz

Si la emperatriz es su carta del espíritu, nació para cuidar a los demás. Depende de usted apoyar los planes, alimentar sueños y ayudar a hacerlos realidad. Su misión también es el amor incondicional. Sin embargo, recuerde que este tipo de amor nunca tiene ataduras. En lugar de eso, fluye de forma estable y constante abarcando todo.

4: El emperador

Cuando la carta del espíritu es el emperador, su misión es aconsejar. Siendo ese el caso, vea siempre todos los ángulos de una situación antes de hablar. Sea crítico y constructivo; de este modo, facilitará el camino de otras personas mientras hacen el viaje de la vida.

5: El sacerdote

Aunque por lo general el sacerdote es visto como un disidente en varios aspectos, en la posición de la carta del espíritu, indica el máximo explorador. Esto significa que usted debe presentar opciones, posibilidades y nuevas perspectivas a quienes normalmente no las verían. Este no es un trabajo fácil. Sin embargo, sea consciente de que es importante en el esquema universal de las cosas.

6: Los enamorados

Cuando los enamorados aparecen como la carta del espíritu, su misión se ubica en el campo de las relaciones personales —íntimas y de otros tipos—. Debe ayudar a los demás a ver el valor del compromiso, el leal proceder y la comunicación constante, e impulsarlos a llegar hasta el final. Sin embargo, esto no termina aquí. La otra parte de su misión es señalar las relaciones dañinas y dar a las personas el valor para terminarlas.

7: El carro

En el tarot, el carro es el máximo movedor y cambiante. Sin embargo, como carta del espíritu, su misión es de terminación. Siendo ese el caso, usted debe ayudar a los demás a tomar medidas y llegar hasta el final —incluso en situaciones aparentemente imposibles—. Al hacerlo, no sólo los ayudará a entender que nada es inalcanzable, también les dará el valor para seguir adelante en el camino que eligieron.

8: La fuerza

La fuerza como carta del espíritu no tiene nada que ver con la fuerza bruta. Por el contrario, significa ayudar a los demás a defender sus creencias y lo que consideran bueno y malo. También debe ayudarlos a ver cuándo sus creencias son equivocadas, dándoles el valor de admitirlo, además de estimularlos a cambiar de dirección antes de que otros sigan su camino.

9: El ermitaño

Cuando el ermitaño aparece como la carta del espíritu, significa que usted es el portador de la luz universal. Aún cuando parece una situación agradable, no es un trabajo fácil. ¿Por qué? Porque su misión no sólo es inculcar en los demás la confianza en sí mismos y el valor personal, sino convencerlos de resaltar sus capacidades individuales —talentos, habilidades, etc.— para guiar el resto del mundo. Sea consciente de que haciendo bien su trabajo, logrará algo más que ayudar a quienes lo rodean a ver su valor personal —también hará del mundo un mejor lugar para vivir—.

10: La rueda de la fortuna

La rueda de la fortuna gira constantemente, y si ésta es su carta del espíritu, es probable que sienta que da vueltas a todo momento sin la posibilidad de parar. Esto es normal, porque su misión es ayudar a los demás a manejar los altibajos de la vida cotidiana. Celebre cuando estén arriba; diga palabras de estímulo cuando se encuentren abajo. Y siempre manténgalos conscientes de la rueda giratoria —porque cuando se está abajo, sólo es posible subir de nuevo, no hay otro lugar a donde ir—.

11: La justicia

Si la justicia es su carta del espíritu, nació con un sentido natural del buen proceder. Siendo ese el caso, su misión es señalar cuándo los demás han ido demasiado lejos, o cuándo necesitan volver atrás y reevaluar las cosas. Pero eso no es todo. También es importante estimular a quienes tienen dificultad para defenderse por sí mismos. Sólo entonces recibirán la justicia que tanto merecen.

12: El colgado

Como carta del espíritu, el colgado representa el equilibrio entre el mundo material y el del espíritu. Esto significa que usted debe ayudar al prójimo a ver la importancia de ambos planos. Demasiado de uno o el otro, hace difícil la vida. Ayudándolos a lograr un balance, no sólo les hará la vida más fácil, sino que tendrá un sentimiento de realización que nunca antes ha alcanzado.

13: La muerte

De todas las cartas de arcanos mayores, la muerte es tal vez la menos entendida —especialmente cuando aparece como carta del espíritu—. Su misión en este caso no tiene nada que ver con la muerte. En realidad, debe señalar cuándo es tiempo de parar, cuándo comenzar de nuevo y cuándo llevar a la práctica ideas nuevas. Esto es muy importante en el plan universal, porque sin su ayuda dejarían de existir las dimensiones de realidad y espiritualidad.

14: La templanza

La paciencia, moderación y simplicidad son aspectos clave cuando la templanza es la carta del espíritu. En nuestro agitado mundo de "más es mejor", eso hace que su misión sea muy importante. Por esta razón, busque activamente formas de ayudar a los demás a entender que nunca deberían convenir en aceptar lo que está disponible, porque siempre merece la pena esperar las cosas valiosas. También es importante mostrarles que una vida sencilla —sin cadenas sociales y materiales— hace mucho más fácil avanzar por el camino de la existencia.

15: El diablo

Al igual que la muerte, la carta del diablo no es muy entendida —en especial cuando es la carta del espíritu—. En pocas palabras, su misión incluye enseñar a los demás a disfrutar lo bueno de la vida y a entender que ellos lo merecen. Sin embargo, esto a menudo requiere un gran esfuerzo, ya que los seres humanos tienden a complicarse cuando experimentan una suerte extraordinaria. En este caso, su trabajo es recordarles que el universo ofrece sólo lo necesario y no se debe rechazar su ayuda.

16: La torre

Cuando la torre aparece como carta del espíritu, su misión es la de mover y cambiar. Debe ofrecer nuevas ideas y una perspectiva innovadora incluso si no es popular. Tenga en cuenta que a menudo es necesario despertar a quienes están estancados, porque el cambio —aunque rara vez es agradable— siempre es inminente. Sin él, la humanidad dejaría de evolucionar. Esto hace que su misión sea muy importante.

17: La estrella

La estrella tal vez tiene uno de los propósitos más importantes del espíritu: el de dar esperanza. Siendo ese el caso, su misión es ayudar a los demás a que se amen a sí mismos y se sientan bien con lo que son. Una vez que lo haga, se darán cuenta que ninguna meta personal —sin importar lo imposible que parezca en principio— es inalcanzable.

18: La Luna

Cuando la Luna es la carta del espíritu, es tiempo de concientizar a los demás de los cambios que ocurren a su alrededor. Ayúdelos a quitarse ese velo de color rosa, luego presente los hechos. Sólo entonces podrán ver el mundo como es en realidad y adoptarán la vida que les dará un verdadero sentido a su existencia.

19: El Sol

El Sol es una carta muy positiva, en especial cuando se presenta en el plano del propósito del espíritu. Esto se debe a que el mensaje que trae hace su misión fácil, divertida y llena de iluminación. Debe convencer a los demás que el universo les está sonriendo, que su éxito es inminente. De este modo, todo lo que deben hacer es alcanzarlo y disfrutar la felicidad que ofrece.

20: El juicio

Cuando el juicio es la carta del espíritu, sugiere un enfoque práctico de las cosas. Su misión es ayudar a que sus semejantes vean los dos lados de la moneda y tomen decisiones basadas sólo en los hechos. Sin embargo, debido a que los seres humanos tienden a ser guiados por el corazón en lugar de la mente, esta no es una tarea fácil. Aunque su trabajo será difícil, recuerde que es importante —porque sólo a través de sus esfuerzos, quienes lo rodean aprenderán a tomar decisiones firmes que les facilitarán el camino de la vida—.

21: El mundo

Como en el caso del Sol, es afortunado si el mundo aparece como su carta del espíritu. ¿Por qué? Porque su misión es sólo mostrar a quienes lo rodean que están en una posición de tener lo que quieran. Todo lo que deben hacer es pedirlo. Aunque este trabajo puede ser divertido y gratificante, entienda que también está en sus manos hacerle saber a los demás que las peticiones deben ser muy específicas. Esto es debido a que el universo sólo ve las cosas en blanco y negro, por eso entregará un duplicado exacto de lo pedido —ni más ni menos—.

Carta de lección

Al igual que nuestro espíritu, la vida tiene un propósito. Cada existencia involucra una lección específica que, cuando es bien aprendida y se suma a nuestras anteriores lecciones, nos lleva al objetivo final: el desarrollo y perfección espiritual.

¿Pero qué pasa si no sabemos cuál es la lección de esta vida? No hay que preocuparse; el tarot también puede ayudar aquí. Tome el total de dos dígitos de la suma de su fecha de nacimiento (vea la página 57) y sume los números. Por ejemplo:

22 = 2 + 2 = 4

En este caso, 4 es el número de la lección en la vida. (Si no tiene un número de dos dígitos, su número espiritual y el de la lección en la vida será el mismo).

Después de determinar el número, encuentre su carta correspondiente en los arcanos mayores e inicie el ejercicio de meditación. Si no está obteniendo la información que busca —o si nada parece pertinente a su lección en la vida— haga preguntas directas. Escuche con cuidado. El conocimiento que recibirá no sólo facilita su lección, también lo prepara para enfrentar los obstáculos que enfrente.

Significados y consejos de las cartas de lección

0 (22): El loco

El loco es una carta de la inocencia y el asombro, y enseña que es necesario encontrar el lado positivo incluso en la más triste de las situaciones. Tenga en cuenta que sin importar qué tan deprimente sean las cosas, siempre hay algo maravilloso en el horizonte. La clave es ver la situación en su totalidad. Aunque esto no es fácil, ver la vida como una aventura —un ejercicio exploratorio que nos permite detenernos y oler las rosas en el camino— puede hacerla más agradable de lo que imaginábamos.

1: El mago

El mago enseña que la vida está llena de posibilidades, y usted elige tomarlas o desecharlas. ¿No le gusta su actual situación? Cámbiela. ¿Triste con su suerte en la vida? Reinvéntese a sí mismo; usted es el maestro de su propio destino, y nada —ni siquiera lo que parece inalcanzable— es imposible de lograrlo. Tenga lo que desea; conviértase en lo que quiere. Pero, recuerde que esta clase de poder sólo llega pagando un precio: el de la responsabilidad personal.

2: La sacerdotisa

La lección de la sacerdotisa es que la vida no siempre es un proceso en el que "obtenemos lo que vemos". Esto se debe a que fuerzas invisibles a menudo configuran situaciones que debemos manejar. Aunque las circunstancias en sí suelen estar fuera de nuestro control, la manera en que las enfrentemos depende de nosotros. Por tal razón, examine todos los ángulos y conserve el ánimo. Maneje una cosa a la vez, y sin importar lo que haga, ni siquiera piense en ir en contra del sistema cósmico. Siga el flujo natural de las cosas y desenrede cada problema cuando se presente. Sólo entonces el viaje de la vida tendrá un camino fácil.

3: La emperatriz

Como la madre eterna, la emperatriz enseña la lección de la crianza y la alimentación. Pero no se equivoque, esta lección va más allá del hogar y la familia. Se extiende al mundo que nos rodea y las personas que invitamos a nuestra vida. Si esta es su carta, también es importante que recuerde cuidarse. Porque a menos que aprenda a amarse a sí mismo y atienda sus propias necesidades, es dudoso que tenga la capacidad de dar a alguien esa clase de cuidado amoroso.

4: El emperador

El emperador, como figura paterna, trae la lección de los consejos sabios. Aunque la sabiduría de la experiencia claramente ayudará en estos momentos, es importante recordar que cada situación es diferente. Por tal razón, exponga los hechos a quienes acuden a usted. Luego ayúdelos a ver cada opción y posibilidad antes de tomar una decisión. Sólo entonces usted —el estudiante— podrá convertirse en el maestro, y dedicarse a ayudar a otros en el camino que recorren.

5: El sacerdote

El sacerdote tal vez enseña la lección más importante: ser fiel a uno mismo. Somos lo que somos; eso es suficiente, sin importar cómo nos ven los demás o qué esperan de nosotros. Es importante mantener su propio ritmo. Sin embargo, esto no significa que no debería luchar por mejorar como persona. Al hacerlo, recuerde que los cambios deben estar basados en lo que considera correcto, y no porque los demás lo creen necesario.

6: Los enamorados

Cuando los enamorados es la carta de lección, el aprendizaje tiene que ver con las relaciones. Aunque las relaciones íntimas están incluidas, sólo son una parte. Con esta lección, es importante comprender las muchas facetas del amor y aprender a expresarlas todas. Esto significa abrazar a quienes normalmente no podríamos. Pero aun más importante, significa aprender a dejar atrás el pasado, algo que a menudo resulta ser la lección más difícil.

7: El carro

Siendo la suprema carta de acción, el carro nos enseña a levantarnos, avanzar y realizar algo. Este no es el momento de aplazar las cosas, porque las situaciones presentes no esperarán. Aunque quienes tienen esta lección pueden a menudo sentirse inclinados a varias direcciones a la vez, es importante enfocarse en una y tener el valor para llegar al final. Obviamente, no es un camino fácil, pero la tenacidad y la fortaleza personal son las que harán realidad sus metas.

8: La fuerza

A menudo mal entendida como carta de lección, la fuerza no promueve la fuerza bruta, sino que indica un poder más sutil —ese que construye naciones y gobierna mundos—. La verdadera realización empieza con una sugerencia, se construye con un acuerdo y termina con un cuidadoso procedimiento. Siendo ese el caso, aprenda a cumplir sus objetivos consiguiendo ayuda con el proverbial sembrado de la semilla. No se moleste si los demás piensan que fue idea de ellos —o incluso si se atribuyen el mérito—. Las personas más importantes a menudo trabajan entre bastidores y dejan que otros descansen en sus laureles.

9: El ermitaño

Cuando el ermitaño es la carta de lección, es tiempo de salir del escondite, tomar la plataforma central y ser reconocido. Debido a que ha trabajado en silencio por tanto tiempo, tal vez esto no sea fácil para usted. Sin embargo, es necesario que aprenda a tocar su propia bocina y llevarse el crédito por sus logros. Entienda que esto no tiene que ver con ser jactancioso, sólo es aceptar sus premios con humildad, mientras indica a otros la dirección de la realización personal.

10: La rueda de la fortuna

Si esta es su carta de lección, tenga en cuenta que su camino por la vida estará lleno de altibajos. Sin embargo, esto no es tan malo como parece. Sin altibajos nunca conocería el verdadero valor de las cosas ni llegaría a entender que cada situación —incluso la más deprimente— no es más que una ventana de oportunidades. Sea consciente de que entre más avance en la rueda en que gira, más cerca está de sus bendiciones, que son maravillosas pero a menudo nacen de desgracias y tribulaciones.

11: La justicia

La justicia, como carta de lección, enseña el correcto proceder. Luche por ser justo, sin importar el costo. Esto es más que distinguir lo bueno de lo malo, porque en relación con otras personas nada es definitivo. Entienda que circunstancias atenuantes están ligadas a cada situación, y también deben ser tenidas en cuenta. Por esta razón, debe reunir toda la información antes de dar una opinión, luego desarrolle una solución que sea justa para todos los involucrados en el asunto.

12: El colgado

La lección del colgado es importante porque señala un equilibrio entre el mundo espiritual y el reino de lo mundano. Para lograr este balance perfecto, nunca debe sumergirse en el campo espiritual hasta el punto de desligarse del mundo terrenal. De igual forma, no debe permitir que los rigores de la vida cotidiana lo consuman por completo. Encuentre un punto de equilibrio apropiado. Dedique el mismo tiempo a cada plano existencial. Sólo entonces podrá vivir en armonía en los dos mundos que forman el todo.

13: La muerte

La lección de la muerte es simple, pero a menudo difícil de aprender porque enseña que los finales deberían celebrarse tan felizmente como los comienzos —y como seres humanos no estamos diseñados para eso—. Para ese fin, tal vez deba cambiar su forma de pensar. Entienda que cada final trae un comienzo, que con cada muerte hay nueva vida. Una vez su pensamiento tome ese rumbo, se dará cuenta que ningún final es lo último, pues trae el regalo de nuevos comienzos y posibilidades ilimitadas. Eso es algo que se debe celebrar.

14: La templanza

Cuando la templanza es la carta de lección, enseña la paciencia y la moderación. Tenga en cuenta que merece la pena esperar por las cosas valiosas —y que nada se gana al aceptar menos de lo que se tiene derecho—. También debe entender que puede haber demasiado de algo bueno. Esto no significa que no debería tomar lo que la vida ofrece, pero tiene que aprender a dominarse a sí mismo, porque todo en exceso puede conducir al agotamiento y enfermedades en el plano espiritual y terrenal.

15: El diablo

Aunque el diablo tiende a asustar a las personas, su mensaje como carta de lección no es atemorizante. En pocas palabras, nos trae la lección de las elecciones, y nos recuerda que sólo depende de nosotros la forma en que enfrentemos el juego de la vida. Entienda que usted siempre tiene una elección —sin reparar en la situación en que se encuentre—. Es sólo que la vida puede darle una mano que no desea jugar. Dicho esto, tome la iniciativa. Rompa los patrones que producen daño. Aprenda a aceptar lo bueno de la vida. Una vez que deje de complicarse por todo, la vida le mostrará un camino personal mucho más fácil.

16: La torre

Cuando la torre es la carta de lección, enseña la construcción de relaciones. Entienda que nada —ni el edificio mejor diseñado— puede durar mucho tiempo si está construido sobre arena. Aprenda a edificar relaciones desde la base. Recuerde que la verdad y la confianza son indispensables desde el primer "¡hola!". Si siempre incluye estos factores como componentes principales en su base, las relaciones que formará pasarán la prueba del tiempo.

17: La estrella

Aunque la estrella indica manifestación de deseos, su lección es de naturaleza más práctica. Enseña que se requiere más que el solo deseo para hacer realidad los sueños. Por lo tanto, es importante levantarse y poner manos a la obra. Ponga todo el esmero posible y, por supuesto, haga los esfuerzos necesarios. De otra manera, ninguno de sus sueños —sin importar qué tanto los desee— se harán realidad.

18: La Luna

Cuando la Luna es la carta de lección, es tiempo de confiar en los consejos que sus padres una vez le dieron. En pocas palabras: deténgase, observe y escuche. Sea realista. Ponga atención a lo que ocurre a su alrededor. Aunque es bueno ver lo mejor del mundo, entienda que pasar por alto el verdadero flujo de las cosas siempre origina la ruina personal. Recuerde que hombre prevenido vale por dos. También escuche su voz interior, siga sus consejos, y nunca será sorprendido fuera de base.

19: El Sol

El Sol, en esta posición, es una carta que trae la lección del éxito. Aunque puede no parecer una lección en lo absoluto, nada podría estar más lejos de la verdad. Entienda que con el éxito llega la responsabilidad —no sólo consigo mismo y sus acciones, sino frente a quienes cruzan su camino—. Esfuércese por dar un trato justo y ayudar a quienes lo rodean. Al hacerlo, encontrará el verdadero significado del éxito y todo lo que brinda.

20: El juicio

Cuando el juicio es la carta de lección, indica que debemos aprender a guiarnos con la mente y no con el corazón. Toda situación —sin importar su complejidad— tiene una solución buena y sólida. Pero no la encontrará soñando, ni en los párrafos de un libro. Sea consciente que las soluciones sólo se obtienen examinando los hechos, trabajando la mente y usando el sentido común ganado de experiencias pasadas.

21: El mundo

Aunque el mundo trae las cualidades de manifestación, terminación e infinita posibilidad, su lección no tiene nada que ver con descansar en los laureles. Al contrario, es una lección de servicio e intercambio personal. En ese caso, sea bueno con los menos afortunados. Ofrezca su tiempo a organizaciones dedicadas al servicio, en especial las que se esfuerzan por el mejoramiento del planeta. Sólo entonces podrá convertirse en la persona que estaba destinado a ser.

Carta de talentos

Todos nacemos con una serie de talentos. Algunos llaman la atención inmediata, y por lo general los usamos para ganarnos la vida. Otros permanecen silenciosos en el fondo —y aunque se asoman de vez en cuando— pocas veces parecen tener un propósito real. De este modo, sólo los encasillamos en el sótano de nuestro cerebro, donde quedan inactivos acumulando nuestro polvo mental.

Eso es una lástima. La realidad, no nacemos con talentos que no necesitamos. Cada uno tiene un propósito y significado. Cada uno nos ayuda de una manera que ningún otro puede. Lo importante está en descubrir cómo y cuándo utilizarlos.

Para este ejercicio, utilice su día de nacimiento para escoger la carta de arcano mayor con el número apropiado. (Por ejemplo, si el día de nacimiento es el 6 de mayo, se relaciona con la carta número 6, los enamorados. Use el 0, el loco, para el 22, y reduzca a un solo dígito los números mayores de 22).

Una vez escogida la carta, utilícela para la meditación. Haga preguntas sobre sus talentos. Averigüe cuáles son, por qué los tiene y para qué propósito sirven. Tome notas. Las respuestas son importantes —y tal vez necesite remitirse a ellas posteriormente—.

Significados y consejos de las cartas de talentos

0 (22): El loco

Si el loco es su carta de talentos, su mayor valor es "no tener miedo". Esto se debe a que se conoce bien a sí mismo y confía en las lecciones de experiencias pasadas para seguir su camino. Sobresale en actividades que involucran terrenos inexplorados. Como el loco, es el que más corre riesgos.

1: El mago

El mago, como carta de talentos, trae la capacidad de hacer suceder las cosas. Esto significa que usted tiene el don de acumular los hechos y unirlos de tal forma que se desarrolle algo nuevo y emocionante. Por esta razón, tiene éxito en esfuerzos donde la inspiración es un factor clave.

2: La sacerdotisa

Cuando la sacerdotisa es su carta de talentos, indica que usted tiene la capacidad de ver más allá de la superficie de las cosas. No sólo disfruta las investigaciones, también sobresale dentro de sus límites.

3: La emperatriz

Debido a que la emperatriz es la madre eterna, ella trae los talentos de crecimiento, abundancia y alimentación. Esto significa que usted es eficiente en el inicio de actividades u oportunidades donde pueda observar cómo sus esfuerzos echan raíces y florecen.

4: El emperador

Ya que el emperador posee un gran conocimiento, y a menudo utiliza la experiencia para demostrarlo, él ofrece los talentos de sabiduría. Por esta razón, usted sobresale en actividades que requieren enseñar habilidades o dar buenos consejos.

5: El sacerdote

Con frecuencia visto como un símbolo del clero, el sacerdote tiene una forma de traer la transformación necesaria para vivir en el mundo terrenal mientras se recibe todo lo que la espiritualidad ofrece. De este modo, sus talentos yacen en cualquier trabajo que involucre lo oculto, la espiritualidad o la psique.

6: Los enamorados

Aunque la relación íntima es importante para los enamorados, también saben que es necesario el trabajo en equipo para salir adelante en el mundo físico. Por esta razón, usted sobresale en actividades orientadas al servicio o aquellas que involucran asociaciones.

7: El carro

Moviéndose a la velocidad del sonido, el carro es impulsado sólo por la voluntad para alcanzar su destino. Como carta de talentos, le da la capacidad de realizar un buen trabajo bajo presión y sobresalir en trabajos de ritmo rápido.

8: La fuerza

Debido a que la carta de la fuerza habla de poder sutil en lugar de fuerza bruta, sus talentos yacen en trabajos orientados a la gente. Por esta razón, usted se destacará en cargos administrativos, trabajo social o cualquier otra actividad donde se deba tratar con muchas personas.

9: El ermitaño

Aunque el ermitaño a menudo trabaja silenciosamente entre bastidores, no se equivoque: él también tiene su opinión sobre cada tema que investiga. Por tal razón, sus talentos no sólo yacen en la investigación y el entendimiento, sino que tiene la capacidad de transmitir ese conocimiento a los demás.

10: La rueda de la fortuna

Girando constante e infinitamente, la rueda de la fortuna indica suerte, riesgo y los beneficios de su razón de ser. De este modo, sus talentos yacen en la capacidad de arriesgarse —incluso cuando las cosas no parecen favorables— y aun así, salir vencedor.

11: La justicia

A menudo simbolizada por la balanza, la justicia sabe lo que es bueno y malo. En realidad, no sólo transmite el sentido de hacer lo correcto, sino la capacidad de escoger una ruta favorable cuando ninguna es evidente. Por esta razón, usted sobresale en trabajos donde se requiere una voz firme respaldada por la razón.

12: El colgado

El colgado ha encontrado el equilibrio perfecto entre el mundo material y el reino de la espiritualidad. Él sabe lo que se requiere para vivir en ambos planos y lo maneja sin esfuerzos. Por tal razón, sus talentos tienen que ver con aconsejar a los demás y ayudarlos a encontrar el equilibrio que buscan.

13: La muerte

Los misterios de la muerte son interminables, y según esto, usted es un individuo con múltiples talentos. Sin embargo, obtendrá mejores resultados en campos enfocados al descubrimiento y nuevos comienzos. Se destacará en lo que involucre investigación, creación, ciencia o medicina.

14: La templanza

Aunque no pensamos a menudo en ello, la templanza hace que el mundo gire. Equilibra el cambio caótico con un flujo uniforme, y une todas las cosas con moderación. Por esta razón, usted es una persona que "mira antes de saltar", lo cual significa que tiene éxito en actividades que requieren análisis, prudencia y planificación minuciosa.

15: El diablo

Aunque el diablo nunca tiene las riendas de una situación, siempre puede hacer que quienes lo rodean crean eso. Por esta razón, usted sobresale en actividades donde está a cargo y puede delegar responsabilidades. También tiene la capacidad de ser un buen director de personal.

16: La torre

Debido a que la torre nos recuerda que nada puede sostenerse sin una base sólida, esta es la carta de reconstrucción. De este modo, usted sabe lo que es necesario para hacer que las cosas funcionen. También tiene la capacidad natural en trabajos donde se requiere construir —en los campos de la construcción y profesional—.

17: La estrella

Debido a que la estrella es conocida por su capacidad de cumplir sueños y deseos, sus talentos yacen en dar esperanza a los demás. Por esta razón, usted sobresale en actividades donde trabaja con personas para estimularles la confianza en sí mismas y ayudarlas a hacer realidad sus metas.

18: La Luna

La Luna es un orbe misterioso pero hermoso, que tiene dominio sobre fuerzas invisibles pero en constante movimiento —de las cuales la más importante es la psique—. Usted trabaja bien con estas fuerzas y además explora con facilidad sus profundidades. Por tal razón, sería un excelente hipnoterapeuta, psicoanalista o psicólogo, o tendría éxito en cualquier campo que involucre el viaje interior.

19: El Sol

Siendo la carta más alegre del tarot, el Sol tiene razón para estar feliz, pues sabe lo que significa ser exitoso. Si esta es su carta de talentos, lo mismo pasará con usted. Sabrá cómo reestructurar las cosas para hacerlas funcionar y encontrar el éxito.

20: El juicio

Si el juicio es su carta de talentos, tiene la capacidad de ver en detalle una situación dada y encontrar problemas subyacentes. Aun más importante, siempre parece encontrar soluciones buenas e inmediatas. Por esta razón, sobresale en trabajos donde se presentan extremos.

21: El mundo

Debido a que el mundo simboliza lo que esperamos alcanzar al final del viaje personal, es, en esencia, el reino de la posibilidad ilimitada. Esto significa que usted no sólo tiende a luchar por metas aparentemente inalcanzables, sino que tiene la capacidad de hacerlas realidad. Por esta razón, sobresale en actividades donde a diario se presenta la necesidad de alcanzar lo imposible.

El año personal

¿No sería maravilloso saber qué nos espera año tras año? ¿Qué tal mirar a hurtadillas los retos venideros? De esa forma, podríamos tener un pie adelante, hacer algunos planes, e incluso evitar problemas particulares antes que se presenten. Esto no sólo haría un camino más fácil, también traería orden en áreas de nuestra vida donde de otra manera surgiría el caos.

Aunque ninguna herramienta expone por completo lo que se avecina, el tarot puede claramente iluminar el camino que le espera. Todo lo que debe hacer es calcular su año personal. Es un proceso simple que le dará discernimiento sobre lo que se presentará en el futuro y las cosas de las que debe tener cuidado —y esa es la clase de ayuda que todos podemos usar—.

Para calcular el año personal, sume al año actual su mes y día de nacimiento, y luego reduzca el número. Por ejemplo, si su fecha de nacimiento es el 6 de mayo, y el año que desea explorar es el 2004, la ecuación sería la siguiente:

5 + 6 + 2004 = 2015

2 + 0 + 1 + 5 = 8

Debido a que el número 8 corresponde a la fuerza, esa es la carta para su año personal 2004. Sólo diríjase a "la fuerza" en la sección de significados y consejos de las cartas de año personal presentada más adelante, y tendrá discernimiento de su futuro.

Los números de doble dígito nunca deben ser reducidos a menos de 22, y este número, como siempre, es reservado para el loco. Por ejemplo, si trabajara con la misma fecha de nacimiento para el año 2015, la ecuación sería:

5 + 6 + 2015 = 2026

2 + 0 + 2 + 6 = 10

El número 10 corresponde a la rueda de la fortuna.

Aunque parece lógico que, con este sistema de cálculo, todas las cartas de arcanos mayores aparecerán en orden una y otra vez, ese no es el caso. Durante los primeros cuarenta años de mi vida, por ejemplo, sólo experimenté una vez los años personales 2, 3, 4, 10 y 17, y nunca tuve años que correspondieran a los valores de 1, 11, 12, 13, 14, 15 ó 16. De hecho, ni siquiera empezaré a experimentar la mayoría de ellos durante otros quince años, y algunos nunca ocurrirán a menos que viva hasta los cien años. La frase clave aquí es "año personal", y eso es exactamente lo que muestran estos cálculos.

Así como ciertos valores podrían nunca aparecer para usted —o repetirse— tampoco no todos los años personales muestran lo que podría esperar. Por ejemplo, una torre puede no indicar un período en que cambia de residencia o su vida parece hacerse pedazos. En lugar de eso, podría ser algo mucho más sutil, como un tiempo en que ata cabos sueltos y hace planes para cambios drásticos. Tampoco podría encontrar el amor de su vida durante un año de los enamorados. Podría simplemente encontrarse en un estado de reflexión interior mientras considera lo que en realidad busca en una relación íntima. Pero si examina los aspectos de la carta relacionada y pone en práctica la meditación descrita en el capítulo 1, no tendrá muchas sorpresas.

Por esta razón, algunos encuentran útil calcular sus años personales con anticipación. (Debido a que los números por lo general van en ciclos de diez años, usualmente lo hacen para este período de tiempo). Otros no parecen preocuparse al respecto y sólo calculan un año. La elección es suya. En mi caso, como me gusta "mirar adelante", calculo mis años personales para la década. Sugiero que también lo haga, después de todo, es mejor estar prevenido.

Significados y consejos de las cartas de año personal

0 (22): El loco

El año del loco no es lo que esperaríamos. En realidad, trae nuevos comienzos. Usted podría mudarse a otra ciudad, regresar a la universidad o incluso iniciar una nueva carrera. Aunque el año del loco puede ser un poco desconcertante —e incluso algo atemorizante—, la clave aquí es relajarse. Adopte las nuevas experiencias y disfrútelas. Sólo entonces podrá cosechar todos sus beneficios.

1: El mago

Un año del mago es muy emocionante, ya que altera el enfoque personal y da los pasos necesarios para que usted se reinvente a sí mismo y/o cambie su situación actual. Puede encontrarse atando cabos sueltos, terminando proyectos que están muy retrasados, o tal vez deshaciéndose de relaciones que ya no funcionan para usted. También podría estar sumergido en el estudio mágico con sus beneficios y realidades. De cualquier modo, a la vanguardia estará la mente sobre la materia —y eso es lo que manifestará la vida que desea tener—.

2: La sacerdotisa

Durante un año de la sacerdotisa, el enfoque es sobre su ser. De hecho, a menudo está en un alto nivel la confianza en sí mismo, y con ello, el descubrimiento de una independencia que usted nunca ha conocido. Encontrará que tiene la capacidad de hacer tareas que antes parecían abrumadoras, incluso con una eficiencia inesperada. Esto también puede manifestarse en el deseo de cuidarse a sí mismo, especialmente si en la mayor parte de su vida ha estado atendiendo las necesidades ajenas. Sus poderes intuitivos también pueden estar agudizados. Este año se enfoca en usted —y en cualquier cosa, incluso levemente relacionada con el autodescubrimiento—.

3: La emperatriz

La emperatriz, la suprema madre, trae un período lleno de asuntos del hogar —y a veces hasta embarazo—. Aunque las mujeres suelen tener hijos durante el año de la emperatriz, el factor embarazo también puede ser simbólico y manifestarse en nueva creatividad de varias clases. Las habilidades artísticas latentes ahora pueden salir a flote. También puede sentir el deseo de rodearse —y rodear a sus seres queridos— de lujos, placer y belleza. Abrace la madre interior, y pase este año repartiendo grandes dosis de ternura y cuidado amoroso. Sin embargo, al hacerlo, recuerde cuidar también de sí mismo.

4: El emperador

Debido a que la palabra clave en un año del emperador es "estructura", puede tratarse de un período muy interesante —en especial para quienes tienden a llevar una vida desorganizada—. Si este es su caso, encontrará la necesidad de poner en orden y ocuparse de sus asuntos. Si no es su caso, de todos modos tendrá mucho que hacer. Con planes para el futuro como prioridad, podría encontrarse incursionando en nuevos terrenos y actuando como pionero en varios campos. A nivel personal, esto también puede manifestarse en invertir para el futuro, o incluso poner su testamento en orden. Sin importar qué tanto lo afecte, está garantizado que el año se vea lleno de posibilidades ilimitadas. La acción firme y asertiva es necesaria para llevar a cabo las cosas.

5: El sacerdote

Aunque el sacerdote trae muchas lecciones, este año puede ser muy confuso. ¿Por qué? Porque por lo general involucra nuevo entendimiento, un cambio de perspectiva y un repentino deseo de liberarse de filosofías personales inútiles. Por esta razón, quizás se encontrará escuchando y aprendiendo como un estudiante, además de ser oído como un maestro. Son desechados los antiguos conceptos acerca de la sociedad y sus expectativas, y surgen nuevas formas de vivir dentro de sus límites. Con nuevas ideas a la vanguardia, también puede adoptar una postura firme contra asuntos que antes apoyaba. No se preocupe por lo que otros puedan pensar al respecto. Tenga en cuenta que las posturas frente a las cosas suelen cambiar a lo largo del crecimiento personal —y que sólo a través de estos cambios entendemos qué somos, quiénes somos y en qué nos podemos convertir finalmente—.

6: Los enamorados

Durante un año de los enamorados, obviamente el enfoque es sobre asuntos del corazón y decisiones relacionadas. Por esta razón, usted puede de repente encontrarse locamente enamorado, haciendo compromisos personales de naturaleza íntima, o decidiendo casarse. También podría terminar una relación que ya no funciona, pensar en serio en lo que necesita para su felicidad y luego actuar para que sea una realidad.

Sin embargo, en cualquier caso, estas decisiones servirán como puntos de cambio en su vida, y asumir la responsabilidad por sus elecciones es tan importante como las decisiones mismas.

7: El carro

El carro, como siempre, trae constante movimiento y actividad —y esto es más predominante cuando rige el año personal—. Es probable que usted se encuentre cambiando de residencia, viajando a nuevos sitios y descubriendo una plétora de retos a lo largo del camino. Sin embargo, eso no es todo. También trae un período de prueba —un tiempo en que debe demostrar sus habilidades al resto del mundo, y probar que tiene la capacidad de manejar todo lo que se atraviese—. Es un gran desafío, pero vale la pena el esfuerzo, porque enfrentando los retos del carro, adicionará nuevas destrezas a su repertorio —de las cuales la más importante es cómo protegerse mejor a sí mismo y a otros— mientras continúa el viaje de la vida.

8: La fuerza

Como se podría esperar, el año de la fuerza está diseñado para probar nuestra resistencia en todo el sentido de la palabra. Para complicar las cosas, usted probablemente sentirá la urgencia de crear, iniciar nuevos proyectos, y poner en marcha ideas que han sido planteadas hace mucho tiempo. El problema es que no hay suficiente tiempo; ya hay mucho que hacer. La clave es encontrar una forma de manejar todo, pero de manera productiva y eficaz. Al hacerlo, descubrirá una fuerza interior que no conocía —y un sentido de realización que no tiene rival—.

9: El ermitaño

Un año del ermitaño es de introspección y soledad. De este modo, incluye llegar a saber quiénes somos realmente. Esto puede terminar de muchas formas. Tal vez usted decida tomar un tiempo de descanso y alejarse de la agitada vida cotidiana. Podría sentir la necesidad de deshacerse de cosas que ya no necesita y terminar relaciones que ya no funcionan para usted. También puede encontrarse adoptando un nuevo enfoque de estudio, desarrollando talentos anteriormente ocultos, o buscando un camino espiritual más apropiado. Sin embargo, sin importar cuál sea la dirección que este año tome, sepa que emergerá con una visión más clara de quién es usted, a dónde va y en qué puede convertirse.

10: La rueda de la fortuna

Cuando la rueda de la fortuna aparezca como el año personal, usted girará en ella por un buen tiempo. Cambios importantes —traslados a otras ciudades, nuevos empleos, cambios drásticos en la percepción personal, etc.— no sólo ocurrirán en este período, también se generarán transformaciones que de seguro afectarán el resto de su vida. Ahora el destino también entra en juego, por eso podría enfrentar varias situaciones inusuales o, al menos, unas que no ha experimentado antes. Sin embargo, una vez que las supere, las recompensas —fama, fortuna y extraordinarios golpes de suerte— no sólo estarán en camino, sino que aparecerán en cualquier parte.

11: La justicia

El año personal de la justicia es justo lo que indica su nombre: un período en que prevalece la justicia y el equilibrio. Aunque esto significa que tratará algunos asuntos legales y financieros menores —tan simples como firmar un contrato o el manejo de su dinero en el banco— durante este período, también tendrá que decidir qué es justo o no para usted y quienes lo rodean —y esto puede cambiar la forma en que maneje las cosas de la vida cotidiana—. Siendo ese el caso, haga modificaciones si es necesario, pero recuerde permanecer fiel a usted mismo en el proceso. Después de todo, un año de la justicia trae equilibrio, y si sus necesidades no entran en juego, la balanza podría inclinarse fuera de control.

12: El colgado

El año personal del colgado claramente involucra el equilibrio, pero también tiene que ver con entrar en contacto con su verdadero ser. Por esta razón, quizás se encontrará hurgando en asuntos personales, averiguando por qué se siente de determinada manera, y examinando a profundidad las razones a ciertas reacciones de su carácter. Aunque algunas serán válidas, otras no. Y las importantes serán estas últimas. Tendrá que trabajar en ellas y liberarse de los complejos que lo mantienen estancado. No será una tarea fácil, pero cuando las haya eliminado de su vida, sus metas —incluso las que parecen imposibles— una vez más estarán a su alcance.

13: La muerte

El año de la muerte pocas veces involucra algo atemorizante. Sin embargo, puede traer un período difícil. ¿Por qué? Porque es de la naturaleza humana aferrarse a todo lo que se cruza en nuestro camino, y este año incluye deshacerse de lo que ya no es necesario. Aunque esto puede ser algo sencillo como dejar a un lado bienes materiales, rara vez ese es el caso. Es más probable que se trate de conceptos trillados, actitudes inútiles y percepciones anticuadas. También puede entrar en juego el valor de ciertas relaciones, así que durante un tiempo examine las situaciones. Decida qué es o no importante, luego descarte lo viejo e inútil. Esta es la única forma de abrir campo para las cosas nuevas, maravillosas y emocionantes que están en camino.

14: La templanza

Aunque el año de la templanza es de restricción y autocontrol, también es un período de prudencia y conciencia. Tal vez se encuentre de repente reuniendo hechos y datos —incluso si por lo general es una persona impulsiva—. También podría descubrir que hay demasiado de algo bueno, y sacar tiempo para pensar en sus actividades normales. Quizás entrará en juego la forma en que gasta su tiempo, dinero y energía, y encontrará mejores formas de usarlos. Sin embargo, sin importar lo que pase, una cosa es segura: aprenderá la importancia de la moderación —además de las habilidades creativas para solucionar problemas, necesarias para terminar su camino—.

15: El diablo

El año del diablo siempre es difícil. ¿Por qué? Porque se relaciona con luchas de poder personal y todo lo que podrían implicar. Las encontrará con su pareja e hijos, sus amigos y las personas con quienes trabaja. Y si eso no es suficiente, también las sentirá en su interior aumentando su intensidad hasta salirse de control. No obstante, hay una forma de atravesar este año en forma exitosa. Sólo debe recordar no complicarse. Elija bien sus luchas y piense con cuidado antes de actuar. Aquí la verdadera victoria es luchar por lo que en realidad es importante, dejando a un lado el resto.

16: La torre

Si no está preparado, un año de la torre puede dejarlo sintiéndose vulnerable. Esto se debe a que todo —incluso las cosas que consideraba más sólidas en su vida— parece desmoronarse a su alrededor. La energía de la torre puede afectar trabajos, finanzas, relaciones y lugares de residencia. Incluso puede influir en sus valores personales. La clave aquí es, por supuesto, permanecer en calma y tener sangre fría —y buscar las causas subyacentes—. Al encontrarlas, podrá empezar el proceso de reconstrucción. Pero, recuerde hacerlo cuidadosa y sistemáticamente. Una base sólida nunca se quiebra. Si esta vez construye las cosas correctamente, nunca volverá a experimentar esta energía.

17: La estrella

Un año de la estrella siempre es bienvenido porque involucra obtener el crédito por los logros personales. Esto significa que usted podría encontrarse en el estrado central recibiendo premios y dando discursos. También podría experimentar un período en que todo lo que desea está al alcance de sus manos. Siendo ese el caso, es bueno ser cuidadoso con lo que pide. Las recompensas kármicas usualmente también entran en juego, y los golpes de buena suerte lo esperan en todas partes. Sin embargo, al experimentar este emocionante período, recuerde ser generoso y bueno con las personas menos afortunadas. Sea humilde con su éxito. Y por encima de todo, hay que dar el crédito a otros si es el caso. La forma en que maneje este año facilitará el camino de años personales por venir.

18: La Luna

Debido a que un aura de misterio y secreto siempre ha rodeado la Luna, no es sorprendente que también se aplique esto al año personal. Ahora pueden emerger factores hasta ahora ocultos, dándole una visión más clara de las cosas a su alrededor. De repente podría saber lo que las personas piensan —sin importar qué están diciendo—. En cualquier caso, tendrá el poder de percibir el engaño. A menudo, un año de la Luna trae sueños vívidos, una mayor capacidad psíquica y el deseo de explorar la espiritualidad personal. No ignore nada de esto; aprenda a poner atención a su voz interior y siga sus consejos. Más concretamente, adopte las nuevas habilidades que este año ofrece. Luego saque el tiempo para desarrollarlas. Las necesitará más adelante mientras avanza por su camino.

19: El Sol

Aunque el año del Sol siempre es un período de luz, también se enfoca en el autodescubrimiento. Sin embargo, no siempre se manifiesta en las formas esperadas, debido a que esta clase de energía tiene poco que ver con el viaje interior. En lugar de eso, saca a la luz nuestro valor personal. De este modo, podría descubrir que en realidad es un individuo único, que tiene una cuerda especial en la red cósmica, y sus acciones —sin importar qué tan minúsculas sean— afectan la vida de otras personas. Junto con esto, encontrará un sentido de poder personal que no conocía. Y este nuevo don le dará el valor de hacer los cambios necesarios para su crecimiento y desarrollo.

20: El juicio

Evaluación es la palabra clave en un año personal del juicio. Esto significa que usted puede encontrarse viendo las cosas con una nueva óptica y descubriendo aspectos que antes no eran evidentes. Teniendo además habilidades creativas para resolver problemas, podría incluso empezar a enfrentar los retos que antes veía imposibles. Por otro lado, este año también puede traer alguna forma de crítica personal, y siendo así, estará defendiendo sus creencias o reevaluando sus posturas personales. De cualquier modo, sólo recuerde ser fiel a sí mismo. La crítica —constructiva o no— no siempre constituye la diferencia entre lo bueno y lo malo.

21: El mundo

Un año personal del mundo está lleno de asombro, porque involucra el proceso de descubrimiento —¡y el objeto de su exploración es usted!—. Debido a que ahora entra en juego el potencial personal, es probable que se encuentre llegando más alto de lo que soñaba y obteniendo lo que antes parecía imposible. Aunque ahora todo es alcanzable, aún tendrá que trabajar para poner en movimiento las cosas. Sin embargo, encontrará que el trabajo requerido no es un problema. El único límite durante este período es su imaginación. Y de este modo, puede poseerlo todo; sólo debe tener la energía e iniciativa para hacer realidad lo que desea.

Notas

Las fórmulas matemáticas presentadas en este capítulo fueron publicadas primero en 1984 por Mary K. Greer en *Tarot for Your Self* (North Hollywood, Calif.: Newcastle Publishing, Inc., 1984).

Parte dos

Tarot mágico

El tarot es una herramienta espiritual y maravillosa,
de poder y símbolos en el camino que el loco esboza.
Un sistema de cartas que pronostica lo que puede venir,
cuando el viaje es continuado sin cambios hechos al vivir.
Advirtiéndonos y echando su luz inmortal,
sobre patrones personales del bien y el mal.
Es un sistema que también enseña poder terrenal,
y para todo lo que hacemos da confianza personal.
Pero es mucho más que eso en realidad,
es un sistema donde la magia fluye con facilidad.
Donde nuestra vida cambia y encuentra tesoros escondidos,
y todos nuestros objetivos y sueños son cumplidos.
Donde cualquier cosa es posible y viable,
incluso la hazaña más inalcanzable.
Es un gran sistema antiguo y de actualidad,
y puede hacer que todos nuestros deseos se hagan realidad.

—Dorothy Morrison

4

Los hechizos

Debido a que el tarot está construido de símbolos —y éstos hablan a todos los sectores del cerebro a la vez, sin que se involucre el pensamiento consciente—, incorporar este sistema en el trabajo mágico puede generar resultados muy exitosos. Teniendo esto en cuenta, sería absurdo prescindir del tarot.

Sin embargo, esto puede presentar un dilema, porque para usar el tarot en magia es necesario remover ciertas cartas de la baraja. Algunos hechizos requieren que carguemos cartas durante un período de tiempo predeterminado. Incluso si recordamos ponerlas de nuevo en la baraja, ésta queda inútil para todo lo demás —al menos temporalmente—.

Si no le importa no poder usar su baraja por un tiempo, todo está bien —excepto por una cosa—. Algunos hechizos requieren procedimientos con las cartas que, para todos los propósitos prácticos, las volverán inútiles para siempre. Por ejemplo, tal vez deba escribir sobre ellas, doblarlas o, aun peor, quemarlas o romperlas en pedazos y desecharlas en el inodoro. Incluso los más devotos practicantes mágicos van a tener inconvenientes con eso.

Por fortuna, hay una solución para el problema. Fotocopie las cartas que necesitará y use las copias en el hechizo donde sean requeridas. Ya que no es necesario usar cartas a color, el gasto será poco. Coloque en la fotocopiadora las cartas, seleccione el tamaño del papel y presione el botón. Luego puede recortarlas.

Si tiene acceso a un escáner, también puede ser una alternativa. No olvide grabar los archivos en un disquete. De este modo, podrá imprimir las copias y tenerlas a mano cada vez que las necesite para un hechizo.

Algunas recomendaciones . . .

Antes de que use el tarot en hechizos, hay algunas cosas que debe recordar. Aunque el tarot tiene su propio juego de símbolos, para obtener resultados exitosos se necesita un propósito, enfoque, deseo y concentración. Si alguno de estos factores no está presente, el hechizo nunca despegará —y mucho menos encontrará su ruta en el cosmos—. Esto se aplica para cualquier tipo de magia que vaya a desarrollar.

Pero hay algo más, algo tan importante, tan vital, tan esencial para el éxito mágico, que ni siquiera puedo enfatizarlo lo suficiente. Dicho en pocas palabras, usted debe 'realmente' creer que el hechizo funcionará. En realidad, debe creerlo con tal firmeza, que nada pueda hacer vacilar esa convicción, ni siquiera un poco. Porque si hay duda

—incluso durante un fugaz segundo— todo el propósito, enfoque, deseo y concentración del mundo no hará que las cosas se den.

La mayoría de personas no entiende esto —o al menos no lo suficiente—. Desarrollan un hechizo un día, luego otro el día siguiente para el mismo propósito. De esta forma consumen mucho tiempo y enredan las cosas. ¿Por qué? Porque al hacer el segundo hechizo sin darle tiempo al primero para que resulte, han demostrado su falta de fe. Le han dicho al universo que en realidad no creían que el primer esfuerzo tendría éxito. De otra manera, no hubieran necesitado desarrollar el segundo hechizo.

Por esta razón, no se complique. Crea firmemente que su magia funcionará, luego déle tiempo para que se manifieste —unas tres semanas—. Si para entonces no ha visto los resultados esperados, ensaye algo diferente. Adoptar esta regla no sólo le ahorrará tiempo, también le evitará un estrés innecesario.

Sólo una cosa más. Recuerde que el mundo de la magia está —y siempre estará— regido por la regla de tres. Esto significa que todo lo que haga —positivo o negativo— regresará a usted tres veces. Aunque puede disfrutar el retorno de algo positivo, tal vez no pueda manejar el resultado de haber manipulado a otra persona.

Habiendo dicho lo anterior, es tiempo de seguir con los hechizos. Fortalezca su fe. Crea en lo que va a hacer. Tenga la convicción de que sus esfuerzos encontrarán el éxito. De este modo, tendrá esa vida encantada que sólo veía posible en sus sueños.

Acoso sexual

Hechizo para detener el acoso sexual

Materiales

El diablo

1 vela negra

Marcador negro permanente

Encienda la vela un sábado y piense en su acosador. Vea todos los problemas que le causa esa persona, y sienta la ira que aumenta en su interior. Cuando haya llegado a un estado de verdadera furia, tome la carta del diablo y resalte las márgenes con el marcador, haciendo luego barras verticales a través de la imagen como las rejas de una cárcel. Luego diga algo como lo siguiente:

Estás encerrado con fuertes cadenas,
tus acciones ya no me causarán penas.
Estás atrapado por la trampa de poder,
y lo que has hecho, ahora se puede ver.
Todos los que conoces verán claramente,
lo que me haz hecho exactamente.
Tomo tu fuerza, tomo tu voluntad,
tomo todo excepto tu triste verdad.
El alto precio que pagarás,
que empieza ahora y no detendrás.
Conjuro ahora la costosa deuda que te arruinará,
y como lo deseo, así será.

Doble bien la carta todas las veces posible y déjela en frente de la vela hasta que la mecha se consuma. Si el acosador(a) es un compañero de trabajo, esconda la carta lo más cerca posible de su oficina. Si no puede hacerlo, llévela consigo.

Adicción

Hechizo para eliminar la adicción

(*Nota:* cuando es desarrollado durante la Luna menguante, este hechizo funciona bien para vencer vicios menores. En caso de problemas serios, vea un profesional de la salud).

Materiales
El diablo
La muerte
El mago

Tomando con las dos manos la carta del diablo, piense en los problemas que está causando su adicción y cuál es su responsabilidad al respecto. Visualícese libre de la adicción y diga algo como:

Ya no soy más un autosaboteador,
ahora soy un movedor y hacedor.
Me libero de las trampas que he creado,
suelto las cadenas, rompo la red y las dejo a un lado.
Mi vida continúa, porque tengo libertad,
como lo deseo, que se haga mi voluntad.

Tome la carta de la muerte y concéntrese en comenzar una vida nueva. Véase como la persona que quiere ser, completamente libre de su adicción. Luego diga algo como:

He renacido porque la muerte ha llegado,
de mi adicción me he liberado.
Estoy libre, soy la semilla,
que brota, crece y brilla.
Que florece en mi nueva realidad,
como lo deseo, que se haga mi voluntad.

Finalmente, tome la carta del mago y visualícese teniendo un control total de su vida. Vea su realidad cambiando poco a poco, hasta convertirse en la vida que desea. Luego diga:

Soy el maestro de mi existencia,
controlo tensiones y luchas con paciencia.
Tengo poder, tengo fortaleza latente,
y lo que llegue a ser finalmente,
depende de mi propia voluntad,
mientras cambio mi realidad.

Coloque las cartas boca arriba, una sobre otra, dejando la del mago como última carta (encima). Dóblelas juntas en tercios y llévelas con usted. Cuando esté libre de la adicción, quémelas hasta que se hagan cenizas y tírelas al aire.

Adivinación

Encanto de visión profética

Materiales
La sacerdotisa

Tome la carta con las manos, encántela, y diga algo como:

La que camina entre los mundos,
y posee las perlas de sabiduría.
Aquella cuyas fuerzas invisibles traspasan fronteras,
quien trae todas las visiones claras y verdaderas.
Muéstrame lo que necesito ver en realidad,
mientras se hace mi voluntad.

Incluya la carta en sus herramientas de adivinación.

Amistad

Hechizo para atraer nuevos amigos

Materiales

Seis de copas
1 vela rosada
1 sobre rosado (si sólo tiene un sobre blanco,
coloréelo con un marcador rosado)
1 pequeña piedra del Sol dorada

Para mejores resultados realícelo durante la Luna creciente a llena. Empiece encendiendo la vela y diciendo algo como:

Por la mecha, cera y llama que tengo aquí,
atraigo amigos —corren hacia mí—.

Luego, con el seis de copas en su mano, visualícese conociendo personas, intimando con ellas y divirtiéndose con su compañía. Diga algo como lo siguiente:

Nuevos amigos vienen, toman mis manos,
hablamos y jugamos como hermanos.
Como mariposas a la llama vienen a mí,
mientras mi deseo se cumple aquí.

Coloque la carta en el sobre, doblándola si es necesario. Luego tome la piedra y diga:

Piedra del Sol, brilla en la búsqueda que haré,
y trae a aquellos con quienes más congeniaré.
Para que siempre sean amigos de verdad,
y de este modo se haga mi voluntad.

Coloque la piedra en el sobre y séllelo. Unte su dedo de saliva y úselo para trazar un pentagrama de invocación en la solapa. Colóquelo en frente de la vela y déjelo ahí hasta que la mecha se consuma. Cargue el sobre para atraer amigos.

Hechizo para evitar perder la pista de viejos amigos

Materiales

Seis de copas
1 vela rosada

Encienda la vela y tome el seis de copas con su mano dominante. Visualice a sus amigos parándose frente a usted, uno a la vez. Cuando la imagen esté bien fija en su mente, use la carta para "trazar" una línea de conexión entre usted y sus amigos. Diga algo como lo siguiente:

Estamos unidos por la carta y la cuerda atada,
que no pueden ser cortadas por cuchillo o espada.
Una conexión fuerte que como un pacto,
nos destina a mantenernos en contacto.

Repita el procedimiento con sus otros amigos, luego coloque la carta en frente de la vela y diga algo como:

Seis de copas, átanos mientras mi rito realizo,
cera derritiéndose, termina el hechizo.
Mantén a mis amigos unidos a mi realidad,
como lo deseo, que se haga mi voluntad.

Deje la carta allí hasta que la mecha se consuma.

Amor

Poción de amor perfecto

Materiales

As de copas
1 taza de agua
Una Copa
Un Platillo
½ cucharadita de canela
Miel (opcional)

En Luna llena, hierva una taza de agua y tome con ambas manos la carta del as de copas. Visualice encontrando a su amor perfecto —debido a que no debe ver la cara de la persona, es mejor que la visualice por detrás—. Sienta la felicidad del verdadero amor surgiendo dentro de usted. Luego ponga la copa vacía sobre la carta y diga algo como:

Soy el recipiente al cual fluye el amor verdadero,
tengo las semillas de donde crece un sentimiento sincero.
Tengo la pasión que enciende el fuego,
tengo el éxtasis del deseo del amor ciego.

Coloque la canela en la copa y vierta sobre ella el agua hirviente. Véase al lado de su pareja inseparable, viviendo felices juntos día tras día, y diga algo como lo siguiente:

Hierba de deseo y amor apasionado,
mézclate con el agua que el fuego ha calentado.
Sé ahora lo que atraerá el verdadero amor a mi camino,
conviértete en lo que cambiará mi destino.
Mientras te fortaleces con especia y tiempo acumulado,
trae el amor sincero que he deseado.

Cubra la copa con un platillo y deje la infusión durante la noche. Filtre la canela, endúlcela con miel, y caliéntela en el microondas si lo desea. Luego beba el té, diciendo algo como lo siguiente:

Mientras tomo esta poción, mi verdadero amor,
vendrá a mí como una mariposa a la llama y su ardor.
Trae ahora mi amor por la fuerza de esta bebida,
como lo deseo ahora, llegará a mi vida.

Hechizo para mantener el amor en la relación

Materiales
Los enamorados
El Sol
La Luna
1 pimpollo rojo

Tome las cartas del Sol y la Luna un viernes durante la Luna creciente a la llena. Visualice que ambos están tomados de la mano caminando bajo la Luna y las estrellas. Vea que se detienen para darse un beso y sentir el calor del Sol llenando sus corazones con la energía del amor. Cuando la imagen esté fija en su mente, diga algo como lo siguiente:

Devuelve el equilibrio entre la Luna y el Sol ardiente,
y el encanto que nuestros corazones tenían latente.
Llena nuestras almas y mentes con amor,
tráelo enseguida para recibirlo con fervor.

Coloque las cartas boca arriba, una sobre la otra. Luego tome con ambas manos la carta de los enamorados y vea que los dos se aman totalmente, sumergidos en la danza romántica que una vez experimentaron. Diga algo como lo siguiente.

Acudo a los enamorados y enciendo su fuego,
llamo la pasión del deseo y el amor ciego.
Conjuro la fuerza del beso que se siente,
la conjuro ahora por la Luna creciente.

Coloque la carta de los enamorados sobre las otras y tome el pimpollo, diciendo algo como lo siguiente:

Por la maravillosa fragancia del capullo enrojecido,
pido que el poder del amor sea transmitido.
Hasta que sea parte de nosotros cada día que vivimos,
y llegue a nuestros corazones cuando trabajamos y reímos.
Pido esto para mi pareja y mi realidad,
como lo deseo ahora, para siempre se haga mi voluntad.

Coloque el pimpollo en el centro del juego de cartas, luego doble éstas en tercios como lo haría con una hoja de carta. Coloque el paquete debajo del colchón.

Ansiedad

Hechizo para eliminar la ansiedad

(*Nota:* este hechizo es para ayudar a eliminar ataques de pánico menores. Para casos graves, consulte a su médico).

Materiales
Nueve de espadas
Marcador negro de punta gruesa

Usando el marcador, haga una X grande sobre la carta del nueve de espadas. Visualícese feliz y despreocupado.

Retenga la imagen en su mente, luego cante algo como:

Ansiedad, ahora sales de aquí
ya no serás parte de mí.
Tu poder se ha ido, ya no está latente
te quemo y desecho completamente.

Queme la carta hasta que se haga cenizas, luego deséchelas en el inodoro.

Apatía

Hechizo para eliminar la indiferencia

Materiales

El loco

Tomando la carta del loco, visualice la energía del personaje fluyendo al centro de su ser. Luego deje que lo llene por completo mientras canta algo como lo siguiente:

Con la carta del loco que tengo aquí,
respeto y asombro vengan a mí.
Soy activo, audaz y valiente,
y mientras esta energía fluye potente.
La indiferencia se aleja de mi ser,
estoy libre de su inercia y puedo vencer.
Una vez más puedo mostrarme pero no en vano,
luchar por causas, estrechar una mano.
Hacer mi parte con fuerza y compostura,
desde el amanecer hasta la noche oscura.

Lleve la carta consigo hasta que desaparezca el último rastro de apatía. (Esto puede tomar menos de 24 horas).

Encanto contra la indiferencia e inactividad

Materiales

Caballero de espadas

Llevar la carta consigo a diario ahuyenta la indiferencia y lo insta a tomar parte en las cosas.

Armonía

Encanto para tener armonía en el hogar o lugar de trabajo

Materiales

El Sol

La Luna

Grapadora

Coloque la carta de la Luna boca abajo, luego coloque encima la carta del Sol boca arriba. Engrápelas, asegurándolas en todos los lados. Visualice toda disensión evaporándose por completo de la atmósfera, y siendo reemplazada con paz, serenidad y un sentido de cooperación. Diga algo como lo siguiente:

Espalda a espalda, como noche y día,
Luna y Sol, ahora forman una melodía.
Llenan este espacio con armonía,
y la dejan fluir creando simpatía.
Disuelven todas las tensiones de este lugar,
y de este modo el estrés pueden eliminar.
Para que todo fluya con paz,
ahora y en el futuro más.
Como el tiempo pasa, transmitan ahora su poder,
traigan la armonía que quiero ver.

Si el problema es en su sitio de trabajo, coloque las cartas en un cajón de su escritorio. Si el problema es en su casa, escóndalas bien en un escaparate.

Ataque psíquico

Hechizo para prevenir ataques psíquicos en la casa

Materiales

As de bastos
As de espadas
As de copas
As de pentáculos
Cinta adhesiva o alfileres
Brújula (opcional)

Durante la Luna menguante a oscura, párese en el centro de su casa con una brújula para determinar los puntos cardinales. Luego lleve el as de bastos a la porción de pared de su vivienda que mira al Este. Visualice una barrera protectora en esa sección extendiéndose varios pies afuera de los límites de su propiedad. Una vez que la imagen esté bien fija en su mente, diga algo como lo siguiente:

As de bastos que gobiernas el Este y sus lados,
protégenos de ataques desatados.
Por fuerzas psíquicas, protégenos con tu poder sagrado,
As de aire, atiende ahora mi llamado.

Pegue la carta o clávela con alfileres sobre la pared, luego diríjase a la parte Sur con el as de espadas. Repita la anterior visualización y diga algo como:

As de espadas, por el fuego del Sur flamante,
protégenos bien del daño psíquico amenazante.
Protégenos con tu llama y poder sagrado,
As de fuego, atiende ahora mi llamado.

Pegue la carta o clávela con alfileres sobre la pared, luego siga en la sección del Oeste con el as de copas. Repita la visualización y diga algo como:

As de copas que gobiernas el Oeste fluyente,
elimina todo ataque psíquico latente.
Protégenos con tus mareas y tu poder sagrado,
As de agua, atiende mi llamado.

Pegue la carta o clávela con alfileres sobre la pared, luego siga en la sección del Norte con el as de pentáculos. Repita la visualización y diga algo como:

Fértil as que gobiernas el Norte terrenal,
protégenos de lo que pueda causar mal.
De ataques psíquicos, protégenos con tu poder sagrado,
As de tierra, atiende ahora mi llamado.

Pegue la carta o clávela con alfileres sobre la pared, luego diríjase al centro de su casa. Vea las barreras de los elementos protegiéndolo a usted y a su familia de todos los problemas psíquicos, luego diga algo como:

Con los elementos y cuatro ases,
bloqueo ataques psíquicos fugaces.
Para que todos vivan aquí tranquilamente,
mientras se cumple mi deseo ferviente.

Deje las cartas en su sitio si continua teniendo problemas.

Encanto para prevenir ataques psíquicos

Materiales

La sacerdotisa

Para rechazar un posible ataque psíquico, encante la carta de la sacerdotisa diciendo algo como:

La que entre los planos puede caminar,
quien los reinos psíquicos puede dominar.
Protégeme bien y vigila mi camino,
resguardándome de todo ataque repentino.
Y de su posible reacción,
mientras se cumple mi petición.

Lleve la carta a todo momento.

Atención

Hechizo de "mírame"

Materiales

El mundo
1 vela anaranjada
Aceite vegetal
Pimienta inglesa
1 hematites (o una joya de hematites)

Para llamar la atención, desarrolle este hechizo durante la Luna creciente a llena. Empiece frotando la vela con aceite vegetal y haciéndola rodar en la pimienta inglesa. Visualice que los demás lo ven por lo que usted es. Luego encienda la vela, diciendo algo como lo siguiente:

Mientras arde esta llama danzante,
mi imagen se proyecta clara y brillante.

Tome con una mano la carta del mundo y, visualizándose con el crédito de sus logros, diga:

El mundo es mío para que todos me vean,
para que ahora los demás me crean.
Me dan el crédito donde yo debo,
con su calor me asoleo de nuevo.

Sostenga la piedra en su mano, mientras visualiza a los demás viéndolo con una nueva imagen y dirigiéndose a usted. Cuando la piedra empiece a pulsar, diga algo como lo siguiente:

Pequeña piedra llena de resplandor,
ahora aumenta mi magnetismo interior.
Me trae la atención que he deseado,
y con una luz favorable me deja ser mencionado.
Para que todo el mundo empiece a ver,
la brillante persona que he llegado a ser.

Coloque la carta en frente de la vela y la piedra encima. Déjela ahí hasta que la mecha se consuma por completo, luego lleve la piedra con usted.

Encanto para aumentar el magnetismo personal

Materiales

Rey de bastos (si es hombre)

Reina de bastos (si es mujer)

Para sobresalir entre la gente y atraer a los demás, encante la carta apropiada diciendo algo como lo siguiente:

Rey/reina de bastos, te pido el favor,
que envíes a mí tu resplandor.
Dame tu risa y tu luz maravillosa,
para brillar con su fuerza poderosa.
Que otras personas sean atraídas a mí,
que mi deseo se cumpla aquí.

Lleve la carta a todo momento.

Automóviles

Para prevenir el mal funcionamiento de un vehículo en carretera

Materiales

El carro

1 cucharada de salvia

Bloque de carbón vegetal

Plato a prueba de fuego

Empiece colocando la carta del carro boca arriba, frente a usted. Visualice su vehículo funcionando en perfecto estado. Luego diga:

Mi vehículo funciona bien afuera y en la ciudad,
esto deseo, que se haga mi voluntad.

Esparza la salvia en el centro de la carta, y visualice todas las partes de su vehículo funcionando a la perfección. Diga lo siguiente:

Salvia, protege todo mi auto al conducir,
del mal funcionamiento que pueda ocurrir.

Doble la carta por la mitad dos veces para asegurar la salvia. Unte su dedo con saliva y trace un pentagrama de invocación[1] sobre el paquete, diciendo:

Por la hierba y el símbolo el bien se hizo,
y con estas palabras sello el hechizo.
Puedo conducir mi auto con donaire,
por tierra y agua, fuego y aire.

Coloque el paquete sobre carbón ardiente (asegúrese de prenderlo en un plato a prueba de fuego), y use el humo para tiznar su vehículo.

Protección contra accidentes

Materiales

El carro
As de espadas
Pizca de lavanda
Pizca de salvia
1 sobre de carta de tamaño comercial
1 vela morada

Reúna los materiales durante la Luna menguante y colóquelos en frente de la vela. Enciéndala y visualice viajes seguros en su vehículo. Coloque las manos sobre las cartas y diga:

La victoria me pertenece ahora,
de accidentes estaré libre a toda hora.
Cada vez que el auto esté en mis manos,
que me conduzca hacia lugares cercanos y lejanos.

Coloque las cartas en el sobre, luego adicione las hierbas, diciendo:

Una pizca de salvia y lavanda,
cuyo poder el tiempo agranda.
Adiciono ahora para salvarme,
de toda desgracia que pueda encontrarme.

Selle el sobre y sosténgalo con las dos manos, diciendo:

Hierbas y cartas, sus poderes son mezclados,
y con su combinación rápidamente enviados.
Para protegerme en la peligrosa vía,
en la oscuridad de la noche y la luz del día.

Deje el sobre frente a la vela hasta que la mecha se consuma, luego póngalo en la guantera de su carro.

Belleza

Hechizo general para la belleza

Materiales

La estrella

1 vela blanca

1 pequeña piedra de la Luna

Encienda la vela blanca y vea la llama desvaneciendo todos los defectos físicos. Luego tome la carta de la estrella con las dos manos y diga algo como lo siguiente:

Estrella de deseo, estrella de luz brillante,
estrella de belleza radiante.
Envuélveme con tu maravillosa condición,
para que nadie pueda ver una sola imperfección.
Deja la belleza dentro de mi ser,
para que brille y que todos la puedan ver.

Coloque la carta en frente de la vela y tome la piedra de la Luna, diciendo algo como:

Iridiscente piedra pequeña,
cuya belleza a menudo enseña.
Encanto y luz en la tierra y el mar,
dame tu poder —hazme brillar.
Trae tu belleza a mi realidad,
y que ahora se haga mi voluntad.

Coloque la piedra sobre la carta y déjela ahí hasta que la mecha se apague. Cargue la piedra a todo momento.

Hechizo para ver la belleza en toda situación

Materiales

As de copas

1 pequeña piedra de unakite

Pizca de tierra

Grapadora

Tomando con las dos manos el as de copas, encante la carta diciendo algo como:

As de copas, que traes alegría y belleza,
a este mundo que tu luz embelesa.
Emplea tus poderes para que pueda observar,
las maravillas que ahora no puedo encontrar.
Tráelas rápidamente frente a mí,
haz ahora lo que te pido aquí.

Coloque la piedra en el centro de la carta, luego cúbrala con sus manos, diciendo algo como lo siguiente:

Piedra de encanto verde y rosa,
transmite tu poder y energía poderosa.
Trabaja con esta carta para que pueda ver,
la belleza que de mí se esconde hasta el anochecer.
Mientras florece y se revela,
mostrando los secretos en su estela.
Déjame tomar lo que necesito,
mientras siembro esta semilla en mi rito.

Rocíe la tierra sobre la piedra, luego doble la carta asegurando los bordes con grapas. Cargue el paquete a toda hora. Cuando ya no lo necesite, entiérrelo.

Bodas/matrimonios paganos

Hechizo para asegurar una propuesta de matrimonio

Materiales

Dos de copas

1 vela rosada

Marcador rojo permanente

Lapicero o lápiz

(*Advertencia:* aunque este hechizo es muy efectivo, cae en la categoría de magia manipulativa. Siendo ese el caso, es importante que entienda que usted también será manipulado por el poder de esta magia —y eso es algo que tal vez no deseará—.)

Un viernes, durante el período de Luna creciente a llena, coloree por completo la vela con el marcador rojo. Luego, usando el lápiz o lapicero, inscriba los nombres de los dos en la vela y trace un corazón alrededor de ellos.

Encienda la vela y, con la carta en sus manos, visualice recibir la propuesta de matrimonio que desea. Una vez que la imagen esté bien fija en su mente, diga algo como lo siguiente:

Copas de dos, que abogas por lo unido,
haz ahora lo que te pido.
Entrelaza también nuestros corazones,
y trae el sonido de campanas de boda y trombones.
Haz que el corazón de mi amor se encienda como el fuego,
y trae las palabras que deseo y ruego.

Para que el compromiso se dé,
y por fin hagamos nuestro juramento con fe.
Copas de dos, actúa rápido y bien,
con estas palabras lanzo este hechizo también.

Deje la carta en frente de la vela hasta que la mecha se consuma, luego póngala debajo de su colchón. Duerma en la cama con su amor.

Encanto para tener un matrimonio feliz

Materiales
Diez de pentáculos
Diez de copas
Pimpollo o pétalo rojo
Aguja e hilo rojo (o goma blanca)

Un domingo, entre la Luna creciente y llena, ponga el diez de pentáculos frente a usted. Visualice todas las cosas buenas de la vida llegando a los dos. Vea que están felices por encontrarse juntos. Luego diga algo como:

Diez de herencia terrenal y mundana,
haz que nuestro tiempo juntos hoy y mañana.
Esté lleno de alegría y lo mejor de la vida,
con toda la felicidad conocida.
Lo demás debes quitarlo ahora,
apartándolo de nosotros a toda hora.

Coloque el pimpollo en el centro de la carta y, pensando en el amor que se tienen, diga:

Como el color de esta rosa que florece,
nuestro amor es profundo, prospera y crece.
Aunque envejece, sigue adelante,
este amor trae felicidad duradera y constante.

Coloque el diez de copas sobre el pimpollo horizontalmente, formando una cruz con el diez de pentáculos. Vea el amor mutuo fortaleciéndose cada vez más, tan fuerte, que nada pueda romperlo. Diga algo como lo siguiente:

Diez de copas, que reinas arriba con fervor,
tráenos amor eterno y sin dolor.
Haz que este matrimonio sea suficientemente fuerte,
para superar momentos difíciles y de mala suerte.
Llena nuestros corazones con tanta alegría,
que cada día juntos sea una nueva fantasía.
Te pido las bendiciones en esta unión que he deseado,
y con estas palabras el hechizo es lanzado.

Cosa o pegue la cruz, asegurando el pimpollo entre las cartas, mientras dice algo como:

Actúen juntas, cartas y maravillosa flor,
bendigan este matrimonio con su poder y fervor.
Hagan ahora lo que les pido,
para que mi deseo sea cumplido.

Cuelgue el objeto encantado sobre la puerta de la alcoba.

Cambio

Hechizo para adaptarse al cambio

Materiales

La rueda de la fortuna

Para adaptarse más al cambio y aliviar sus molestias, ponga la carta de la rueda de la fortuna debajo de su almohada. Luego, antes de dormirse, diga:

Rueda de la fortuna, alivia mi dolor,
trae el cambio rápidamente a mi alrededor.
Mientras giras, ayúdame a ganar conocimiento,
y dame tus bendiciones con tu movimiento.
Para aceptar el cambio fácilmente,
y que se cumpla el deseo de mi mente.

Capacidad mental

Encanto para aumentar la capacidad mental

Materiales

Dos de espadas

Sostenga esta carta con ambas manos y visualícese reteniendo todo conocimiento, sin importar qué tan minúsculo sea. Una vez que la imagen esté bien fija en su mente, encante la carta diciendo algo como:

Espadas de equilibrio y fuerza latente,
acudo a ustedes para que me ayuden finalmente.
Transmitiendo su poder a mi cerebro dotado,
para que absorba todo conocimiento ganado.
Permanezca un total recuerdo reforzado,
a lo largo de cada día ocupado y agitado.
Haz que también funcione con facilidad,
para que los grandes problemas no reviertan dificultad.
Dejen de confundirme o preocuparme ahora,
mientras mi deseo se hace realidad a toda hora.

Lleve la carta consigo.

Encanto para retener conocimiento

Materiales

Ocho de pentáculos

Sostenga la carta con ambas manos y visualícese reteniendo con facilidad cada palabra y conocimiento que llegue a usted. Luego encante la carta diciendo algo como:

Carta de estudiante, ocho de tierra potente,
llena mi cabeza totalmente.
Organiza todos los datos —almacénalos bien,
y en las profundidades de mi mente arráigalos también.
Para que pueda usarlos a voluntad,
y mantener mi memoria aguda sin dificultad.
De esta vida soy liberado,
mientras se cumple lo deseado.

Lleve la carta consigo.

Claridad

Hechizo para ver las cosas como son

Materiales

Cuatro de copas

Tome la carta con las dos manos e invoque su poder, diciendo algo como esto:

Obtener lo que veo,
es algo que no creo.
En la situación presente,
por eso te pido que aclares mi mente.
Libérala ahora de la confusión,
y también permite con tu bendición.
Que el conocimiento surja continuamente,
para ver las cosas como son realmente.
Dame las respuestas que necesito,
ven a mí rápidamente con este rito.

Lleve la carta consigo a toda hora.

Encanto de claridad mental

Materiales

Ocho de espadas

Marcador negro

Para ver las cosas como son, y no como quiere que sean, trace una X negra grande sobre la carta y diga algo como:

Tiro lejos las gafas color rosa,
dejo de soñar una vida maravillosa.
Veo las cosas como son realmente,
por la luz del Sol, la estrella y la Luna creciente.
Todo es claro al menos para mí,
que mi voluntad se haga aquí.

Lleve la carta con usted.

Clima

Hechizo para cambiar el clima

Materiales
As de pentáculos
As de bastos
As de copas
As de espadas

Usando el as de pentáculos para representar el sitio donde es necesario un cambio de clima, ponga la carta frente a usted. Luego sostenga con ambas manos los otros tres ases y diga algo como:

Elementos, conjuro ahora su atención,
para que hagan mi voluntad y escuchen mi petición.
Cambien el clima como sea,
atiendan rápidamente esta tarea.

El siguiente paso depende de qué clase de clima está conjurando. Si es lluvia, ponga el as de copas sobre el as de pentáculos y diga algo como:

As de copas, trae la lluvia que he solicitado,
alivia este espacio seco y agrietado.
Haz que de la sequía sea liberado,
mientras se cumple lo que he deseado.

Para alejar la lluvia con viento, cubra el as de pentáculos con el as de bastos y diga algo como:

As de bastos y suave brisa mañanera,
danza ahora por arbustos, árboles y pradera.
Libera este espacio de inundación,
mientras se cumple mi petición.

Para tener Sol y calor, ponga el as de espadas encima y diga algo como:

As de espadas que trae el Sol dorado,
envía tu calor hasta que el día haya terminado.
Trae la luz solar a mí,
mientras mi deseo se cumple aquí.

Deje las cartas en su lugar hasta que el clima cambie como lo desea.

Comunicación

Para recibir una carta o llamada telefónica

(*Nota:* este hechizo no funcionará si la persona deseada no tiene su dirección o número telefónico).

Materiales

Paje de bastos

Cinta adhesiva

Para recibir una llamada telefónica de alguien con quien no ha hablado hace tiempo, tome con una mano el paje de bastos y visualícese absorto en una agradable conversación con la persona en cuestión. Una vez que la imagen esté plasmada en su mente, diga algo como lo siguiente:

Paje de bastos, que anuncias todo lo sucedido,
haz ahora lo que con anhelo te pido.
Trae la voz de (nombre de la persona) a mi oído,
o envía sus palabras escritas a mi nido.
Honra mi presencia y mi vida,
conéctame con él(ella) en seguida.

Pegue la carta en la parte inferior de su teléfono o dentro del buzón.

Hechizo para transmitir las ideas con éxito

Materiales

Paje de bastos

1 vela amarilla

1 turquesa pequeña

Empiece encendiendo la vela y viendo sus ideas penetrando y encontrando el éxito. Luego sostenga en una mano el paje de bastos, diciendo algo como lo siguiente:

Locuaz y comunicativo,
que atiendas mi voluntad te pido.
Que mis palabras resuenen claramente,
para que las escuche y medite la gente.

Tome una turquesa o joya de turquesa con las dos manos, y encante el objeto diciendo algo como:

Piedra de diplomacia encantada,
haz que mi voz sea oída y captada.
Que todos vean mi intención,
y elimina toda confusión.
Para que deje su marca con facilidad,
como lo deseo, se haga mi voluntad.

Coloque la carta en frente de la vela con la piedra encima, y déjela ahí hasta que la mecha se apague. Lleve consigo o use la piedra.

Computadores

Encanto de protección básica

Materiales
El mago
Escáner

Escanee la carta del mago y grábela en el disco duro, luego use el programa apropiado para ubicar la imagen en su monitor diciendo algo como:

Mago, actúa ahora como un guardia armado,
para evitar que el menú de archivos sea dañado.
Para mantener mis datos limpios y seguros,
para protegerlos de lo que no es visto y causa apuros.
Para impedir la entrada de virus a este espacio cuidado,
mantén todo correcto en su lugar apropiado.
Elimina los problemas a toda hora,
mago, haz lo que te digo ahora.

Mantenga esta imagen en su monitor.

Hechizo para proteger el CPU

Materiales

As de pentáculos
As de espadas
As de bastos
As de copas
Cinta adhesiva

Limpie el disco duro, luego apague el computador. Visualice su sistema funcionando perfectamente día tras día. Luego pegue el as de pentáculos sobre el CPU y vea todos los datos almacenados seguros y en su sitio. Diga algo como:

As de tierra, cuya fuerza es duradera,
todos mis datos seguros aquí y afuera.

Pegue el as de espadas por debajo del CPU, y visualice todos los circuitos electrónicos funcionando impecablemente y conectándose de manera apropiada. Diga algo como lo siguiente:

As de llama, haz que tus poderes se accionen,
para que todas las conexiones funcionen.

Pegue el as de bastos en el lado derecho del CPU, mientras visualiza los ventiladores y el sistema de enfriamiento trabajando adecuadamente. Diga algo como lo siguiente:

As de vientos, con el aire frío que nada calienta,
danza interiormente y protege esta herramienta.

Pegue el as de copas en el lado izquierdo del CPU, y visualice que el aparato está siendo limpiado de virus y otros problemas. Diga algo como lo siguiente:

As de copas, ahora vas a desviar,
todos los peligros que se puedan presentar.

Finalmente, ponga sus manos sobre la CPU y vea una luz azul uniendo las cartas vertical y horizontalmente, para envolver el aparato en una cruz continua. Diga algo como:

Cruz de ases sobre esta herramienta especial,
protege por regla elemental.
Esta máquina que está a tu cuidado,
y desvías los problemas que hayas encontrado.
Protégelo bien y cuidadosamente,
con estas palabras sello el hechizo presente.

Prenda el computador y tenga la seguridad de que no habrá más problemas.

Cooperación

Canto para la cooperación general y el trabajo en equipo

Materiales

El mago

Con la carta del mago en su mano, piense en cómo trabaja él con los elementos y dirija la energía de éstos a una impecable combinación de trabajo en equipo. Luego véase como el mago, el director del flujo cósmico. Reteniendo la imagen en la mente, cante:

El mago dirige, mueve y combina,
energías elementales en un flujo que no termina.
Trabajan como unidad en interminable rotación,
una mezcla impecable sin confusión.
Como tal, está dentro de mi poder,
conjurar trabajo en equipo a mi parecer.
Con todo el que cruce mi camino directo,
una combinación perfecta en cada aspecto.
De esfuerzos cooperativos para el bien general,
mago, ayúdame y escucha mi petición formal.

Visualice a todos en su camino haciendo su parte y trabajando por los propósitos en cuestión. Lleve la carta consigo a todo momento.

Hechizo para la cooperación en el trabajo

Materiales

Tres de bastos

Aceite vegetal

½ cucharadita de canela

½ cucharadita de pimienta inglesa

½ cucharadita de clavo

1 vela anaranjada

1 lapicero verde

Con el lapicero verde, haga una telaraña en el tres de bastos para simbolizar unión, luego dibuje un pentagrama en la parte superior para representar la magia disponible. Frote la vela con aceite vegetal mientras visualiza a todos cooperando entre sí y manejando sus labores de manera agradable y eficiente. Ruede la vela en las hierbas y encienda la mecha, diciendo algo como lo siguiente:

Rápidamente se disipa la disensión,
la cooperación es mi petición.
Para que todos ayuden y trabajen como unidad,
hasta que el trabajo esté hecho en su totalidad.

Deje que la mecha se consuma, luego esconda la carta en algún lugar del sitio de trabajo. (Una buena opción sería un cajón de su escritorio).

Creatividad

Invocación para el flujo creativo

Materiales

El mago

Levante la carta a la altura de su tercer ojo y visualícese como un recipiente de creatividad, con nuevas ideas fluyendo a través de usted y a su trabajo. Una vez la imagen esté fija en su mente, invoque el poder del mago:

Manipulador —gran mago,
escucha la petición que hago.
Presta tu creativo poder,
para que ahora mismo pueda ver.
Formas innovadoras para entretejer,
las cosas que este día debo atender.
Haz que esto fluya a través de mí,
para siempre como lo deseo aquí.

Encanto de creatividad

Materiales

As de bastos

Para recibir un constante flujo de ideas creativas, encante el as de bastos diciendo algo como:

As de creatividad y poder,
abre mi mente para que pueda ver.
Ideas que no he visto anteriormente,
déjalas fluir por la puerta de mi consciente.

Haz que lleguen rápido a mi ser,
y mientras lo hacen, ayúdame a comprender.
Cómo usarlas con ingenio y habilidad,
mientras este deseo se hace realidad.

Guarde la carta en su escritorio o donde sea necesario el flujo creativo.

Depresión

Hechizo para aliviar la depresión

(*Nota:* estos hechizos sirven para ayudar en el alivio de depresión leve. Para casos graves, consulte a su médico).

Materiales
Cuatro de bastos
1 vela amarilla
Aceite vegetal
1–2 cucharaditas de tomillo

Unja la vela con aceite vegetal, luego ruédela en el tomillo. Enciéndala y vea todas sus inquietudes alejándose y su depresión siendo reprimida con felicidad. Ponga la carta del cuatro de bastos en frente de la vela y cúbrala con sus manos, diciendo algo como lo siguiente:

Por el cuatro de bastos y una feliz situación,
ya no me afecta la depresión.
La reprimo con serenidad,
con armonía y felicidad.
Con amor propio la elimino inmediatamente,
para que ahora desaparezca de mi mente.

Deje la carta donde está, hasta que la mecha de la vela se apague, luego llévela con usted.

Encanto para aliviar la depresión

Materiales

Tres de copas

Para un alivio inmediato de la depresión, cargue el tres de copas. Úselo como un punto focal cuando empiecen a llegar las tristezas.

Desarrollo psíquico

Canto para el desarrollo psíquico

Materiales

La fuerza

La sacerdotisa

Para aumentar el psiquismo y abrir sus canales, coloque las cartas de la sacerdotisa y la fuerza sobre su frente, luego diga con sentimiento:

Abro canales psíquicos,
abro oídos psíquicos.
Subo el volumen hoy y busco los faros,
para que los mensajes sean claros.
Mis filtros detienen la confusión,
que me hace dudar de mi visión.
Actúo sobre cada tarea hoy,
mientras fluye donde estoy.

Cada una es manejada fácilmente,
con prontitud y actitud diligente.
Y mientras lo hago,
el universo fluye en mi mente.

Deseos

Hechizo de deseos con cristal

Materiales

La estrella
1 vela verde
1 pequeño cristal de cuarzo claro

Escriba sus deseos en una vela verde. (Sea específico; el universo no tiene sentido de razón, y sólo proveerá lo que usted pida). Ponga la carta de la estrella en frente de la vela y coloque encima un cristal de cuarzo. Luego encienda la vela y pida la ayuda de la estrella diciendo:

Estrella de maravillas, estrella de luz flamante,
estrella de deseos que brilla radiante.
Bajo tu luz dejo mis deseos ahora,
trae a mí lo que pido sin demora.

Mientras la vela arde, concéntrese unos momentos en la visualización. Vea sus sueños haciéndose realidad y observe cómo se manifiestan detalladamente. Deje que la mecha se consuma, luego ponga la carta y la piedra debajo de su almohada. Déjelas ahí durante siete días.

Hechizo de deseos con hoja de laurel

Materiales

Nueve de copas

Marcador de un color apropiado para su deseo

1 hoja de laurel

Bloque de carbón vegetal

Plato a prueba de fuego

Durante la Luna creciente a llena, use el marcador para escribir su deseo en la cara del nueve de copas. Ponga encima la hoja de laurel, y doble los bordes de la carta para contener la hierba. Queme el paquete hasta convertirse en cenizas sobre el carbón (asegúrese de prenderlo en un plato incombustible), mientras visualiza su deseo haciéndose realidad. Cuando las cenizas se enfríen, entiérrelas.

Hechizo para perder peso

Materiales

El mago

Párese frente al espejo en Luna menguante, y tome la carta del mago con su mano dominante. Golpee las áreas problema con la carta, mientras ve las libras de exceso desapareciendo en el aire. En cada área, diga algo como lo siguiente:

Controlador de tierra y fuego,
aire y agua, escucha mi ruego.
Haz que mi cuerpo se empiece a equilibrar,
para que ahora mismo comience a adelgazar.

Haz que mi hambre se disipe con eso,
para eliminar este exceso de peso.
Mantenme sano al hacer lo que te he encomendado,
hasta que mi objetivo sea alcanzado.
Líbrame de más exceso,
mientras disfruto el apropiado peso.

Pegue la carta en la nevera para que lo mantenga alejado de comer sin necesidad.

Deuda kármica

Invocación para aligerar el karma

Materiales
La justicia

Para evitar que más deudas kármicas agobien su vida, tome con una mano la carta de la justicia y diga el siguiente canto. Esto lo pondrá en el camino de una vida libre de deudas y le ayudará a aligerar su actual karma.

Justicia, mueve tu balanza a mi favor,
mientras pago estas deudas kármicas con dolor.
Ayúdame a ser justo, sin dejar nada aparte,
ayúdame a esforzarme por hacer mi parte.
Para que cuando este día haya terminado,
las deudas kármicas queden a un lado.

Dieta

Hechizo para perder peso

Materiales

El mago

Párese frente al espejo en Luna menguante, y tome la carta del mago con su mano dominante. Golpee las áreas problema con la carta, mientras ve las libras de exceso desapareciendo en el aire. En cada área, diga algo como lo siguiente:

Controlador de tierra y fuego,
aire y agua, escucha mi ruego.
Haz que mi cuerpo se empiece a equilibrar,
para que ahora mismo comience a adelgazar.
Haz que mi hambre se disipe con eso,
para eliminar este exceso de peso.
Pero mantenme sano al realizar,
lo que te he encomendado.
Hasta que mi objetivo en totalidad,
sea por fin alcanzado.
Líbrame de más exceso,
mientras disfruto el apropiado peso.

Pegue la carta en la nevera para que lo mantenga alejado de comer sin necesidad.

Dinero

Hechizo para pagar cuentas

Materiales

La emperatriz

1 vela verde

Empiece inscribiendo en una vela verde la cantidad que necesita. (La emperatriz aborrece a la gente avara, por eso tenga cuidado; pida sólo lo necesario). Ponga la carta de la emperatriz en frente de la vela y encienda la mecha. Visualice dinero fluyendo de la llama y esparciéndose en todas las direcciones. Luego cante tres veces:

El dinero fluye, brilla y crece,
emperatriz, trae lo que mi ser merece.
Trae suficiente para pagar este recibo aplazado,
con estas palabras el hechizo es lanzado.

Deje que la mecha se consuma, luego guarde la carta con sus cuentas y recibos.

Hechizo del tarro de dinero

Materiales

As de pentáculos

1 vela verde

1 tarro con tapa de rosca

1 venturina pequeña

9 monedas de diez centavos de dólar

Canela

Marcador verde

Reúna los materiales durante la Luna nueva a llena, luego prenda la vela y visualice dinero llenando su casa. Continúe la visualización hasta que el dinero le llegue a la cintura. Luego enrolle la carta del as de pentáculos y póngala en el tarro, diciendo algo como lo siguiente:

As de riquezas y flujo monetario,
tráeme pronto el dinero necesario.

Coloque la venturina en el tarro, diciendo algo como lo siguiente:

Piedra que atrae todo el dinero posible,
haz que el efectivo para mí sea visible.

Coloque las monedas de diez centavos de dólar, una a la vez, diciendo con cada movimiento:

Moneda que brilla, moneda reluciente,
tráeme dinero como árbol floreciente.

Luego rocíe el contenido del tarro con canela, diciendo algo como lo siguiente:

Hierba de pura prosperidad,
aumenta mi flujo de dinero según mi voluntad.

Finalmente, póngale la tapa al tarro y séllelo con cera de la vela, luego use el marcador para dibujar el símbolo del dinero sobre la tapa, diciendo algo como:

Pequeño tarro que atrae dinero,
provéeme efectivo a mí primero.
Haz que siga fluyendo libremente,
mientras se realiza mi deseo ferviente.

Deje el tarro en frente de la vela hasta que la mecha se consuma, luego guárdelo en el fondo de uno de los escaparates de la cocina.

Encanto para atraer dinero

Materiales

Nueve de pentáculos

Para asegurar que siempre tendrá suficiente dinero para su vida cotidiana, cargue el nueve de pentáculos en su cartera o billetera.

Divorcio

Hechizo para una separación pacífica

Materiales

Los enamorados

1 vela negra

1 ónix negro pequeño

Tijeras

Durante la Luna menguante, encienda la vela y vea todos los problemas llegando a su fin. Visualice la pareja teniendo vidas separadas y felices. Luego corte por la mitad la carta de los enamorados, separando los personajes que aparecen ahí. Ponga el ónix negro en frente de la vela, con una mitad de la carta a cada lado de la piedra. Diga algo como lo siguiente:

Piedra que separas a los dos,
haz el trabajo que te pido a viva voz.
Tráenos paz mental y sosiego,
mientras iniciamos nuestras vidas de nuevo.
De las peleas libéranos totalmente,
mientras se cumple mi deseo ferviente.

Espere a que la mecha de la vela se consuma, luego saque al aire libre la piedra y las mitades de la carta. Entiérrelas separadas al menos un pie; luego entierre la piedra entre ellas, diciendo algo como:

Espacio entre nosotros habrá,
nuestro lazo se liberará.
La paz entre los dos también llega,
con el efecto que este hechizo entrega.
Por el poder de la ley de tres actuando,
el deseo ya se está realizando.

Encanto para un divorcio fácil

Materiales

Los enamorados
La justicia
Tijeras

Haga un corte vertical en el centro de la parte superior de la carta de los enamorados. Continúe cortando hasta la mitad de la carta. Comenzando en el centro de la parte inferior de la carta de la justicia, haga un corte idéntico. Inserte la carta de la justicia en la de los enamorados. Diga algo como lo siguiente:

La justicia actúa ahora entre nosotros,
los problemas desaparecen y no habrán otros.
Sólo lo que es justo pasará,
hasta que finalmente se desatará.
El lazo que unía nuestros destinos,
para seguir en paz nuestros caminos.
Para iniciar de nuevo con libertad,
mientras mi deseo se hace realidad.

Coloque el objeto en un lugar donde lo vea con frecuencia.

Dolor de amor

Hechizo para aliviar un dolor de amor

Materiales

Tres de espadas

Tome con ambas manos la carta y piense en su desdicha. Deje que lo consuma. (Llore y grite. Entre más sienta la ira y el dolor, más profunda será la curación). Cuando esté colmado de angustia, tire la carta al suelo y pisotéela, rómpala en pedazos con todas sus fuerzas. Arrástrelos hasta el inodoro, tírelos, y diga algo como lo siguiente:

Mientras el agua se lleva estos restos,
también se van de mi vida dolores y tormentos.
Nunca más afectarán mi sosiego deseado,
de toda angustia me he liberado.
Y en su lugar encuentro alivio cada día,
además de fe, paz y alegría.

Respire profundamente y salga del baño sin mirar atrás.

Encanto para prevenir un dolor de amor

Materiales
Paje de espadas

Para evitar ser rechazado —lo que más a menudo parte corazones— encante la carta del paje de espadas diciendo algo como:

Carta de cautela, acudo a ti,
para que mantengas las decepciones lejos de mí.
Muéstrame siempre lo que es verdadero,
cumple ahora mi deseo sincero.

Lleve la carta consigo.

Dormir

Hechizo anti-insomnio

Materiales
Cuatro de espadas
Marcador negro

Cuando tenga problemas de insomnio, trace una X negra grande en la cara del cuatro de espadas, dividiéndola en cuartos. Luego, ennegrezca cuidadosamente cada cuarto de la carta mientras canta algo como:

Que el descanso llegue fácilmente a mí,
del insomnio estoy libre aquí.

Cuando todos los cuartos estén coloreados y la carta sea completamente negra, diga:

Por la carta y la tinta negra que he echado,
logro tener un sueño tranquilo y descansado.

Coloque la carta debajo de la almohada y duerma bien.

Elocuencia

Hechizo para quitar el miedo a hablar en público

Materiales
Paje de bastos

Este hechizo es muy efectivo cuando se desarrolla antes de presentaciones o discursos. Tome la carta con ambas manos y visualícese hablando con fluidez las palabras apropiadas, sin tartamudear ni vacilar, expresando sólo ideas claras y concisas. Diga algo como lo siguiente:

Paje de bastos, ven a mí ahora,
haz que mis palabras fluyan bien a toda hora.
Elimina los temores que me han de agobiar,
ayúdame a decir sólo lo que debo expresar.
Haz que mis palabras suenen fuerte y me hagan ver,
para que todos me escuchen y puedan entender.
Exactamente lo que tengo que decir,
dame elocuencia en este día hasta concluir.

Lleve la carta consigo.

Empatía

Hechizo para desarrollar la empatía

Materiales

Reina de copas

1 vela anaranjada

En una noche de Luna llena, prenda la vela y visualícese teniendo más empatía con quienes lo rodean. Véase experimentando sus emociones y sintiendo lo que sienten. Luego invoque el poder de la reina de copas con la carta en sus manos y diciendo algo como:

Reina de copas que siente el dolor,
y la alegría de otros con amor.
Trae a mí esos sentimientos también,
para experimentar todo ese bien.
Pero mientras lo haces, te pido,
que fluyan en mí y salgan cuando sea debido.
Para que no se queden en mi ser,
ni perjudique lo que en este día voy a hacer.

Deje la carta en frente de la vela hasta que la mecha se consuma, luego colóquela debajo de la almohada para que actúe mientras usted duerme.

Empleos

Hechizo para encontrar trabajo con rapidez

Materiales

Siete de copas

Ocho de pentáculos

1 vela verde

Su hoja de vida

Encienda la vela y ponga su hoja de vida frente a ella. Véase trabajando en un cargo que le gusta y ganando un buen salario. Cuando la imagen esté bien fija en su mente, tome la carta del siete de copas y diga algo como lo siguiente:

Puertas de oportunidad,
ábranse rápidamente a mi voluntad.
No se demoren, muéstrenme el camino,
ábranse a mí ahora y cambien mi destino.

Coloque la carta sobre la hoja de vida y tome el ocho de pentáculos. Visualícese aprendiendo las habilidades necesarias para su empleo. Luego diga algo como lo siguiente:

Si nuevas habilidades ahora debo aprender,
tráelas a mí mientras sigo mi parecer.
No te demores, carta, escucha mi petición,
tráeme un trabajo hoy como una bendición.

Coloque la carta sobre el siete de copas, y deje todo ahí hasta que la mecha de la vela se consuma. Lea los anuncios clasificados, haga llamadas telefónicas y envíe hojas de vida. Cargue las cartas en las entrevistas.

Enemigos

Hechizo para neutralizar un enemigo

Materiales

Reina o rey de su elección

1 bolsa plástica con cierre

Marcador permanente

Agua

Durante la Luna menguante a oscura, escoja la carta de rey o reina que se parezca más a su enemigo. Usando el marcador, escriba el nombre de la persona al través de la carta, luego ponga ésta en la bolsa plástica. Llene la bolsa con agua hasta la mitad, saque el aire y ciérrela. Luego métala en el congelador de su nevera, diciendo algo como lo siguiente:

Congelo ahora tu poder,
para que no lo puedas ejercer.
Vivirás en un frío helado,
y no podrás tocarme con tu enfado.
Tu poder sobre mí se ha ido,
y mientras ningún daño hayas recibido.
De tus maldades me he liberado,
y se cumple lo que he deseado.

No retire la bolsa del congelador, porque su enemigo recuperará el poder sobre usted.

Energía física

Encanto para aumentar la energía física

Materiales

Caballero de bastos

Sujete con ambas manos la carta durante la Luna creciente a llena, e invoque su energía diciendo algo como:

Caballero de bastos, escucha ahora mi petición,
aumenta la energía física en mi constitución.
Dame vigor —dame rapidez,
dame el poder que necesito de una vez.
Para manejar todo lo que debo hacer,
antes de que el Sol se deje de ver.
Cuando esto ocurra, dame el descanso requerido,
para mañana sacar mi mejor partido.

Lleve la carta consigo.

Energía negativa

Hechizo para neutralizar energía

Materiales

El Sol

1 pequeña turmalina negra

1 tazón con agua

Durante la Luna menguante a oscura, coloque la turmalina negra en un tazón con agua. Visualice la piedra neutralizando la energía en su casa y transformándola en algo positivo. Ubique el tazón en un lugar central de su vivienda, diciendo algo como:

Piedra que neutraliza todo lo encontrado,
atiéndeme —escucha mi llamado.
Ve a la raíz y halla la fuente este día,
luego cambia el sentido de esta energía.
Para que la negatividad empiece a desaparecer,
luego mezcla tu profundo y duradero poder.
Dentro del agua de este tazón de potencialidad,
mientras lo deseo ahora se hace realidad.

Tome la carta con ambas manos y vea la energía transformándose en algo más alegre, cálido y positivo. Diga:

Sol ardiente que traes la luz del día,
te pido que ahora cambies esta energía.
Llena esta casa con calor y amor,
haz que de arriba fluya tu resplandor.
Para quemar la negatividad,
mientras se hace mi voluntad.

Coloque la carta debajo del tazón y déjela ahí durante la noche. El día siguiente, use el agua para rociar la casa.

Enfoque

Para restaurar el equilibrio y enfoque en la mente

Materiales
Dos de espadas

Cuando tenga tantas cosas por hacer y no pueda enfocarse en una tarea, tome con ambas manos la carta y piense en el caos que lo rodea. Visualice el orden siendo restaurado. Véase pensando de nuevo con claridad. Vea las prioridades llegando a usted, y sus tareas siendo manejadas fácil y eficazmente. Luego cante algo como lo siguiente:

Desorden y confusión mezclados de manera potente,
las espadas cortan la eterna ocupación de mi mente.
Con urgencia les pido que corten este caos desastroso,
trayendo enfoque y un equilibrio maravilloso.
Cuando me levante, que el pensamiento claro persista,
para que el resto se vaya y reine lo preferido a la vista.

Duerma con la carta debajo de la almohada.

Equilibrio

Para restaurar el equilibrio personal entre lo mundano y lo espiritual

Materiales
El mundo
Cinta adhesiva transparente
Tijeras

Corte la carta del mundo por la mitad y horizontalmente. Tome una mitad con cada mano, diciendo algo como:

Tomo el mundo con mis dos manos,
para restaurar mis cambiantes planos.
Un reino es espiritual, el otro material,
están separados, pero los pongo en un nivel igual,
para que ambos pertenezcan a mi tal cual.

Use la cinta para unir las mitades de la carta, y devuélvale al mundo su forma original. Refuerce el respaldo de la carta también con cinta. Luego diga esto con sentimiento:

Y con ellos equilibro mi presente y mi porvenir.

Lleve la carta consigo a toda hora.

Encanto para el equilibrio mental

Materiales

La sacerdotisa

Tomando la carta con ambas manos, encántela diciendo algo como:

Tú, que flotas entre el plano sideral y el terrenal,
del reino del éter y la existencia material.
Trae equilibrio a mi mente hoy,
mientras vivo y muestro lo que soy.
Para enfocarme en las cosas fácilmente,
y se hace realidad mi deseo latente.

Lleve la carta consigo.

Estrés

Hechizo para aliviar el estrés

Materiales

Diez de bastos

1 vela blanca

Marcador negro permanente

Para aliviar el estrés, coloree una vela blanca con marcador negro. Luego póngala detrás del diez de bastos y enciéndala, diciendo:

Cargas, como basura, las tiro bien lejos de mi lado,
las preocupaciones también las he desechado.
Simplifico mi vida quitando el exceso que no desearía,
hasta quedar aliviado y retorne la alegría.
En mi renovada vida llena de felicidad,
me libero de lo que no sirve en mi realidad.

Deje que la mecha se consuma. Cargue la carta durante veinticuatro horas.

Hechizo para simplificar la vida

Materiales
La templanza
1 vela negra

Durante el período de Luna menguante, encienda la vela y piense en hacer su vida más simple, liberándose de cosas que no necesita. Véase botando todo, dando la vuelta sin mirar atrás. Luego, tome la carta con las dos manos y diga algo como:

Carta de templanza, paz y tranquilidad,
trae ahora moderación con facilidad.
Ayúdame a ordenar mis cosas por venir,
a deshacerme de lo que no necesito para vivir.
Tráeme una vida más sencilla de una vez,
sin peleas, riñas ni estrés.

Deje la carta en frente de la vela hasta que la mecha se consuma; luego cárguela hasta que se haya liberado de las cosas que no necesita.

Éxito

Hechizo de la limonada del éxito

Materiales
El Sol
1 vaso de limonada

Salga al aire libre con un vaso de limonada y coloque la carta del Sol debajo de él. (Si estar afuera no es una opción, desarrolle este hechizo junto a la ventana más cercana). Piense en todo el éxito y la felicidad que brinda la carta del Sol. Véala llenando el vaso y saturando el líquido. Luego levante el vaso en un brindis hacia el Sol, mientras dice el siguiente canto. El hechizo recorrerá un largo camino para remover las cosas que le impiden tener lo que usted merece, y ayudará a conseguir el éxito que anhela.

Sol, que se lleva lejos la oscuridad nocturna,
bebo de tu alegría y calor en la luz diurna.
Mientras lo hago, quita de mi camino,
cada obstáculo que encuentre en mi destino.

Beba la limonada.

Encanto de éxito general

Materiales
El mundo

Para que tenga pequeños éxitos con frecuencia, encante la carta del mundo diciendo algo como:

Te llamo, mundo, para que traigas éxito a mí alrededor,
para que desde ahora me brindes lo mejor.
Lo máximo que la vida puede ofrecer,
desde este momento hasta perecer.
Atráelo a mí déjalo fluir a mi realidad,
mientras se cumple mi sana voluntad.

Lleve la carta consigo.

Éxito en los negocios

Hechizo para tener éxito comercial en línea

Materiales
As de pentáculos
Paje de bastos
As de espadas
1 cristal de cuarzo

Lleve los materiales a la mesa de su computador durante la Luna nueva a llena. Luego coloque las cartas en una línea horizontal sobre la CPU en el orden arriba presentadas. Mientras coloca las cartas, diga:

Un as para dinero —un paje para correo,
un as para victoria con todo y trofeo.

Luego tome la piedra con su mano dominante y diga:

Una piedra para aumentar el éxito comercial,
y traer energía positiva para mi petición real.

Ubique la piedra sobre el paje de bastos y diga:

Que mi módem con mucho comercio esté ocupado,
mientras esta piedra es ubicada, el hechizo ha comenzado.

Encanto de la caja registradora

Materiales

Nueve de pentáculos

Para aumentar las ventas en su tienda, mantenga siempre el nueve de pentáculos en la caja registradora.

Fertilidad

Invocación para la fertilidad

Materiales

La emperatriz

Tome con ambas manos la carta y concéntrese en su capacidad de hacer que todo en su camino sea fértil y abundante. Luego visualice ese poder siendo transmitido a usted de tal forma que llene todas sus acciones. (Si desea quedar embarazada, véase en los últimos meses de embarazo). Una vez que la visión esté clara en su mente, invoque el poder de la emperatriz diciendo algo como lo siguiente:

Emperatriz, ven a mí con tu bondad,
bendíceme con fertilidad.
Para que todo lo que toco y siento,
tenga un abundante crecimiento.
Hazlo florecer —hazlo prosperar,
para que cobre vida sin parar.
Que tenga frutos en mi realidad,
mientras se hace mi voluntad.

Flexibilidad

Hechizo para ser más flexible

Materiales
La Luna
1 vela azul
1 aguamarina pequeña

Debido a que la Luna gobierna a Acuario —y la energía fluida de Acuario es la que da poder a este hechizo—, el procedimiento funciona mejor cuando la Luna está en ese signo. Empiece encendiendo la vela y viéndose a sí mismo como una persona flexible, adaptable y cooperativa en todas las situaciones. Luego coloque la carta de la Luna en frente de la vela y coloque la piedra encima. Cubra la carta y la piedra con las manos y diga algo como:

Acuario, lugar de regeneración,
donde el agua fluye en calma y pura relajación.
Ayúdame a fluir en la marea del mar,
ayúdame, tu fuerza vital quiero tomar.
Hazme todo lo que puedo ser,
y con la ayuda de la Luna todo lo puedo ver.
Trae tus visiones mágicas y ayúdame a aplicar,
sus misterios y conocimiento en todo lo que he de encontrar
Asegura mi éxito mientras fluyo contigo,
con este hechizo y todo lo tuyo.

Deje que la mecha de la vela se consuma, luego cargue la piedra.

Fuerza

Afirmación para remover obstáculos

Materiales
La fuerza

Cierre los ojos y despeje la mente. Luego, tome la carta con una mano y párese frente al espejo. Al recitar lo siguiente le dará fortaleza para superar los obstáculos:

Soy fuerte y me paro firme sin indecisión,
no me precipito, atiendo la indicación.
De la fuerza sutil —porque es lo mejor,
cuando soy llamado a pasar la prueba de valor.
La fuerza bruta nunca saldrá avante,
para superar obstáculos y seguir adelante.

Lo mismo se aplica a la variada oposición,
y ganar apoyo para mi posición.
La fuerza es, en lugar de eso, el toque suave,
que pasa la prueba del tiempo y la situación grave.
Que hace arrodillar a mis enemigos a vencer,
la fuerza sutil que es parte de mi ser.

Guerra

Hechizo para prevenir la guerra

Materiales

As de bastos
As de espadas
As de copas
As de pentáculos
El mago
1 vela morada
Un símbolo del país que desea proteger
(una pequeña bandera, una figura u
otro símbolo significativo)

Durante la Luna menguante a oscura, encienda la vela y tome el as de bastos con ambas manos, mientras visualiza vendavales ahuyentando lejos a los posibles agresores. Diga algo como lo siguiente:

As de bastos, sopla tus vientos helados,
y con su fuerza, los ataques son enviados.
Bien lejos son enviados de este territorio sano,
y del país que tanto amo.

Coloque la carta en frente de la vela y tome el as de espadas. Vea su hoja manteniendo a raya a todo el que desee hacer la guerra. Diga algo como lo siguiente:

As de espadas, maneja ahora tu arma,
hasta que todo daño y peligro no sea una alarma.
Protégenos bien y mantén a raya,
todos los ataques que el enemigo ensaya.

Coloque la carta sobre el as de bastos. Luego tome el as de copas y visualice a todo el que quiera hacer daño siendo llevado lejos por las mareas del mar. Diga algo como lo siguiente:

As de copas que tienes la fuente de la vida,
llévate toda la fuerza atacante escondida.
Inunda a quienes harían la guerra sin sentido,
y mantenlos lejos de las costas donde he vivido.

Coloque la carta sobre el as de espadas. Luego tome el as de pentáculos y vea a los agresores siendo incapaces de penetrar en el país. Diga algo como lo siguiente:

As de pentáculos y tierra floreciente,
protege este país y su gente.
En pantanos, rocas, arena y mar,
que no tenga lugar seguro para estar.

Coloque la carta sobre el as de copas. Luego tome la carta del mago e invoque su ayuda, viendo cómo el personaje que aparece en ella aleja todos los ataques inminentes sólo con una señal de la mano. Diga algo como lo siguiente:

Y mago, envía tu ayuda con esmero,
sé tan fuerte como la espada de acero.
Usa el maravilloso poder del viento,
y la marea del mar, y en poco tiempo.
Alejes todo daño de la tierra y su esplendor,
para que podamos vivir con alegría y amor.
De ataques seamos liberados,
cumple ahora mis deseos nombrados.

Coloque el símbolo sobre las cartas y déjelo ahí hasta que la mecha de la vela se consuma. Doble las cartas alrededor del símbolo y guárdelo cerca de su altar o área de trabajo mágico.

Hechizo para proteger a un soldado que va a la guerra

Materiales
La emperatriz
El emperador
1 vela blanca
Fotografía del soldado
Un marco

Encienda la vela y ponga la fotografía frente a ella. Vea la foto y visualice una luz blanca protectora que envuelve por completo a la persona en cuestión. Vea que sale bien de la guerra. Luego, tome la carta de la emperatriz y diga algo como lo siguiente:

Madre amorosa de nuestra vida,
protege este soldado de una caída.
Resguárdalo con tu abrazo cálido y singular,
y protégelo mientras toma su lugar.
En el caos llamado guerra,
protégelo arriba y abajo, en el valle y la sierra.
Tráelo sano de regreso a su hogar,
para que mi deseo se pueda realizar.

Coloque la carta al lado izquierdo de la foto, y tome la carta del emperador. Visualice al emperador dándole consejos sabios al soldado y guiándolo en decisiones difíciles. Diga algo como lo siguiente:

Padre, ahora acudo a tu fuerza potente,
para que guíes a este soldado constantemente.
A través de todo lo que encuentre en su camino,
y le des tu sabiduría y brillo divino.
Para que las decisiones fluyan con facilidad,
protégelo de daño, miedo y maldad.
Luego asegura su regreso seguro hacia mí,
mientras mi deseo se cumple aquí.

Coloque la carta al lado derecho de la foto y déjela ahí hasta que la mecha de la vela se consuma. Pegue las cartas lado a lado sobre el respaldo de la foto y ponga ésta en el marco.

Hábitos

Hechizo para dejar malos hábitos

Materiales

La muerte
1 vela negra
Plato a prueba de fuego
Lapicero negro

Reúna sus materiales durante el período de Luna menguante, y pase un tiempo pensando en los malos hábitos y actitudes negativas que se presentan en su vida. A medida que lleguen a su mente, póngalos por escrito en la cara de la carta de la muerte. Luego encienda la vela y use su llama para prenderle fuego a la carta. Ponga ésta en el plato incombustible, y mientras se quema, diga algo como lo siguiente:

Elimino toda tu influencia en mi mente,
tu poder disminuye y desaparece totalmente.
Hasta no quedar nada negativo,
dejando sólo espacio constructivo.
Para todo lo que la vida me ofrece con bondad,
que mi deseo se haga realidad.

Cuando la carta se reduzca a cenizas, deseche sus restos en el inodoro. Los problemas se habrán ido.

Hogar

Hechizo para un hogar feliz

Materiales

Cuatro de bastos

1 vela blanca

1 cucharadita de tomillo seco o pulverizado

Diríjase a la habitación de su casa localizada más centralmente, y encienda la vela. Ponga la carta del cuatro de bastos en frente de la vela y visualice que el ambiente en la casa está lleno de felicidad. Luego coloque el tomillo en el centro de la carta, y doble los bordes para contener la hierba mientras dice algo como:

Hierba de alegría y carta de hogar,
brinda placer puro sin parar.
A quien se encuentre en este lugar y sus redes,
y haz que el espacio entre estas paredes.
Esté lleno de felicidad y armonía,
con amor, cariño y alegría.
Tan maravilloso que toque a todos en cada lado,
mis amigos, compañeros y a quienes he invitado.
Además de los que viven junto a mí,
este hechizo es lanzado, que se cumpla aquí.

Deje el paquete en frente de la vela hasta que la mecha se consuma; luego póngalo debajo de la estera.

Huéspedes indeseados

Hechizo para evitar huéspedes indeseados

Materiales

El diablo

Aceite de pachulí

En la Luna menguante a oscura, meta su dedo índice en aceite de pachulí y úselo para trazar un pentagrama de destierro[2] en la cara de la carta del diablo. Visualice todos los huéspedes indeseados siendo desterrados de su casa y además rehusándose a poner un pie en la propiedad. Luego entierre la carta cerca de la puerta principal mientras dice algo como:

El pachulí te lleva lejos de esta parte,
ni siquiera puedes acercarte.
A la puerta que sella mi propiedad,
para siempre tienes prohibido esa posibilidad.
Han desaparecido los vínculos entre los dos,
mientras se cumple el deseo de mi voz.

Inspiración

Encanto para inspiración constante

Materiales

Tres de bastos

Para recibir un constante flujo de nuevas ideas, encante el tres de bastos diciendo algo como:

Tres de bastos, creativo y potente,
trae inspiración a mi mente.
Haz que las ideas fluyan como una corriente,
como un flujo constante y floreciente.
Tráelas rápidamente a mí,
para que mi deseo se cumpla aquí.

Guarde la carta en su escritorio o en un cajón en su espacio de trabajo.

Ira

Hechizo para liberarse de la ira

Materiales
La rueda de la fortuna
1 amatista pequeña

Coloque la piedra sobre la carta y cubra todo con sus manos. Piense en su ira y siéntala salir de su cuerpo por las yemas de los dedos. Sintiendo que sale, cante:

Carta y piedra, les pido aquí,
elevar esta ira lejos de mí.
Rueda, agárrala mientras giras sobre el suelo,
y súbela a las alturas del cielo.
Transformándola en algo diferente,
que pueda usarse hoy para bien con la gente.
Una vez que la energía esté pura,
transmítela a esta piedra dura.

Salga al aire libre y tire la piedra lo más lejos que pueda, luego cargue la carta todo el día.

Hechizo para prevenir la ira

Materiales

Tres de copas

Para detener la ira y evitar que arruine su día, encante la carta del tres de copas diciendo algo como lo siguiente:

Tres de copas, escucha ahora mi petición,
mantén la ira bien lejos de mi dirección.
Pero si levanta su horrible cabeza,
reemplaza su daño y tristeza.
Con paciencia, bondad y amor,
y con tu fuerza te pido el favor.
Que la quites de mi camino para sentir,
que ese sentimiento no afecta mi vivir.

Lleve la carta consigo a toda hora.

Jardinería

Hechizo para bendecir el área del jardín

Materiales

Siete de pentáculos

1 taza de agua

Párese en el centro de su área de jardín mientras sostiene el siete de pentáculos con ambas manos. Visualice el jardín sembrado, creciendo, prosperando, y los frutos de su trabajo realizándose. Luego encante el área diciendo algo como lo siguiente:

Por los elementos de la tierra creciente,
el Sol arriba y el agua fluyente.
El viento que danza a través de árboles y orillas,
carta de cosecha, siembra tus semillas.
Pongo ahora este espacio a tu cuidado,
para que protejas todo lo que habré sembrado.
Haz que todo florezca provechosamente,
mientras se cumple mi deseo ferviente.

Entierre la carta donde se encuentra, y vierta encima la taza de agua.

Juego de azar

Hechizo general para el juego de azar

Materiales
Siete de pentáculos
1 vela verde
Un billete de 1 dólar
½ cucharadita de camomila

En Luna creciente a llena, prenda la vela y véase jugando y ganando mucho. Luego coja el siete de pentáculos y diga algo como:

Es tiempo de cosecha —tiempo de oro y diamante,
tiempo de suerte y fortuna abundante.
Tiempo en que el destino sonríe ante mí,
mientras se cumple mi deseo aquí.

Coloque la carta boca abajo en frente de la vela, luego coloque encima el billete de un dólar (o su respectiva denominación) diciendo:

Dinero, verde y exuberante,
multiplícate de forma abundante.
Con la carta y el billete, esta magia es liberada,
que mi deseo sea una realidad manifestada.

Rocíe la camomila en el centro del billete de un dólar mientras dice:

Sé magnética, camomila, atrae a mí dinero,
como los imanes atraen el acero.
Aumenta mi ventaja en lo que realizo,
da poder a la magia de mi hechizo.

Finalmente, haga un paquete con la carta, el billete y la hierba, doblándolos juntos en tercios, en tercios de nuevo, y luego por la mitad para asegurar el contenido. Diga:

Con la carta, el billete y la hierba, los tres,
lanzo este hechizo y lo libero de una vez.
Produce para mí ganancias de dinero,
y que se cumpla mi deseo sincero.

Lleve el paquete en su bolsillo cuando esté jugando.

Encanto para aumentar la ventaja en el juego

Materiales

Nueve de pentáculos

Para aumentar la suerte en el juego, doble el nueve de pentáculos alrededor de su papel moneda antes de meterlo en su billetera o cartera. Llévelo consigo mientras juega.

Juicio

Hechizo para un juicio sensato

Materiales

El juicio

1 pequeño cristal de cuarzo claro

Si le es difícil tomar decisiones o juicios sensatos, coloque un cristal de cuarzo claro sobre la carta del juicio. Coloque su mano dominante encima y diga:

Escucho mi voz interior,
cuando buenos consejos estoy buscando.
Escucho bien y tengo en cuenta,
lo que me está informando.
Actúo según la indicación que viene de muy adentro,
es la voz que escucho y dejándola fluir la encuentro.
Es superior a sugerencias de otras personas,
porque ellos no pueden captar lo que para mí es correcto.
Lo que he hecho en la vida y he experimentado,
soy el único responsable de lo bueno y malo realizado.

Lleve la piedra consigo.

Justicia

Hechizo para petición de justicia

Materiales

Siete de bastos

1 hoja de laurel

1 vela morada

Lapicero

Empiece escribiendo el problema en la hoja de laurel y déjela a un lado. (No es necesario dar una descripción detallada aquí). Luego tome el siete de bastos con ambas manos y visualícese teniendo la convicción necesaria para encaminar bien las cosas. Invoque el poder de la carta diciendo algo como lo siguiente:

Siete de bastos, escucha ahora mi petición,
y ayúdame a buscar el bien de todos sin distinción.
Muéstrame lo que está mal y lo correcto,
muéstrame cómo ganar esta lucha de modo directo.
Quédate firme conmigo para llevar bien las situaciones,
dame fuerza para no vacilar en mis intenciones.
Haz que la justicia tenga un buen sentido,
para que todos reciban lo merecido.

Luego ponga la hoja de laurel sobre la carta y cúbrala con sus manos, diciendo algo como:

Hierba de victoria, poder y convicción,
atiende mi llamado y alivia esta difícil situación.
Rectifica esto fácilmente,
mientras se cumple mi deseo ferviente.

Doble la carta para contener la hoja, y déjela ahí hasta que la mecha de la vela se consuma. Cargue el paquete hasta que se haga justicia.

Encanto de justicia

Materiales

La justicia

Marcador morado

Para tener un resultado justo en asuntos legales, escriba su nombre a través de la carta de la justicia y cárguela.

Liberación

Hechizo para liberar carga

Materiales

Diez de bastos

1 vela blanca

Marcador negro permanente

Plato a prueba de fuego

Usando el marcador, ennegrezca totalmente la vela, coloreando también los extremos. Al hacerlo, vea todas sus cargas disolviéndose en la oscuridad del olvido. Luego prenda la vela y diga algo como lo siguiente:

He oscurecido cargas de mi existencia,
también he oscurecido el estrés, la lucha y la impaciencia.
Mientras creo esta luz resplandeciente,
se elevan y desaparecen de mi vista totalmente.

Coloque la carta en la llama para encenderla, luego descargüela en el plato incombustible. Mientras se quema, diga algo como lo siguiente:

Las cargas ya no están en mí,
se disuelven en tiempo récord aquí.
Cuando esta carta en cenizas haya quedado,
la liberación habrá regresado.

Cuando se hayan enfriado las cenizas, tírelas al aire.

Libertad

Hechizo de libertad personal

Materiales
El sacerdote
2 pies de hilo negro
Tijeras

Envuelva el hilo horizontal y verticalmente alrededor de la carta del sacerdote, luego asegure los extremos con un nudo. Diga:

Rodeado por la sociedad y sus expectativas,
rodeado y atado por motivaciones destructivas.

Corte el hilo con las tijeras y libere la carta, diciendo:

Las cadenas ahora son cortadas y tengo libertad.

Luego remueva los pedazos de hilo y deséchelos en el inodoro mientras dice:

Desecho lo que no soy y conservo mi voluntad.

Visualícese fuerte y orgulloso, defendiendo sus creencias y permaneciendo fiel a sí mismo.

Encanto de libertad personal

Materiales

El loco

Para obtener la libertad personal que busca, encante la carta del loco diciendo algo como lo siguiente:

Loco, te llamo —haz mi voluntad,
trae a mí la deseada libertad.
De una vez y para toda la vida,
y causa en mis opresores la caída.
Para que nunca más puedan controlar,
mi existencia ni el camino a tomar.

Lleve consigo la carta.

Magia

Hechizo para activar la magia personal

Materiales

La sacerdotisa

El mago

1 vela morada

Mechón de su cabello o un pedazo de uña

Cinta adhesiva

En Luna nueva a creciente, prenda la vela y llame su poder personal. Siéntalo fluir y extenderse dentro de usted hasta que lo llene por completo. Luego coja la carta de la sacerdotisa y diga algo como:

La que camina entre los planos,
terrenal y espiritual, pon en mí tus manos.
Ayúdame a hacer que mi magia se pueda elevar,
hasta la puerta cósmica que deseo encontrar.
Para satisfacer exactamente mi petición,
sacerdotisa, dame para esta tarea tu bendición.

Coloque la carta boca abajo y tome la carta del mago, diciendo algo como lo siguiente:

Manipulador del aire terrenal,
el fuego, el mar y el alimento material.
Estimula los esfuerzos que he iniciado,
para que se manifiesten como fue planeado.
Haz que pueda llegar a ser un gran mago,
escucha la petición que ahora hago.

Coloque la carta boca arriba sobre la sacerdotisa y, tomándolas juntas, use la cinta para pegar tres bordes de las cartas y formar un paquete. Meta en él su cabello o pedazo de uña, diciendo algo como lo siguiente:

Espalda a espalda, yo en el medio y las cartas al lado,
el poder crece hasta ser fijado.
Por el poderoso mago y su fuente,
y la sacerdotisa de la Luna y el Sol resplandeciente.

Mi magia fluye hasta hacerse realidad,
hasta manifestarse en luz y oscuridad.
Sin perjudicar a nadie en su camino a mí,
mientras se cumple lo que deseo aquí.

Finalice sellando el paquete con la cinta, luego déjelo en frente de la vela hasta que la mecha se consuma. Téngalo sobre el altar cuando haga magia.

Menopausia

Hechizo para aliviar síntomas de la menopausia

Materiales
Nueve de espadas

Lleve la carta del nueve de espadas al cuarto de baño y piense en el malestar de sus síntomas. Transmita todo su dolor y disgusto a la carta, luego rómpala en pedazos, diciendo algo como lo siguiente:

Nueve de espadas, te hago pedazos,
ahora quedo libre de tus lazos.
Te quito fuera de mi existencia,
digo adiós al estrés y la impaciencia.
Tu poder se ha ido —tomo el control ahora,
mi objetivo es reinventar cada hora.
Mientras te tiro lejos de mi vivir,
los síntomas se alivian y dejan de existir.

Tomo el control de lo que es mío,
una vida feliz que brilla en el calor y el frío.
En eso, no hay lugar para ti,
tu poder ha cesado y me libero aquí.

Deseche los pedazos de carta en el inodoro. Sus síntomas empezarán a desaparecer.

Metas

Encanto para alcanzar metas

Materiales
Paje de bastos

Para ayudar a alcanzar sus metas —incluso las que parecen imposibles—, encante el paje de bastos diciendo algo como:

Paje de bastos, escucha mi petición,
acudo a tu gran condición.
Presta tu acción, presta tus planes rápidamente,
colócalos en mis manos y mi mente.
Para así poder alcanzar con más facilidad,
las metas que ahora fijo para que se hagan realidad.

Lleve consigo la carta.

Miedo

Hechizo para eliminar el miedo

Materiales

El loco

Cuando el miedo —incluso infundado— sea un problema para usted, tome con una mano esta carta y visualícese despreocupado como el personaje de la ilustración. Retenga la imagen en su mente y cante algo como lo siguiente:

No estoy preocupado en mi situación,
porque los vientos me envuelven y silban una canción.

Visualice los vientos envolviéndolo para protegerlo.

El fuego del Sol brilla y cuida mi espalda al andar.

Visualice el Sol listo para quemar a alguien o algo que vaya a causarle daño.

Las aguas de la vida se arremolinan listas para atacar.

Visualice las mareas del océano listas para hundir cualquier cosa que le cause miedo.

Y la tierra en que me encuentro es sólida por el hechizo,
me protege del peligro en todo lo que realizo.

Visualice la tierra dándole el regalo de andar seguro mientras avanza hacia su objetivo. Luego cante:

Con estas defensas, todos mis temores se han disipado,
y los cuatro elementos me protegen al hacer lo deseado.

Lleve consigo la carta durante veinticuatro horas. El miedo será algo del pasado.

Hechizo contra temores infundados

Materiales

Ocho de copas

Marcador negro

Cuando el miedo esté presente sin razón, dibuje una X negra grande a través del ocho de copas, luego arrugue la carta con la mano, diciendo algo como:

Temor, vete —tomo tu poder,
tus planes ahora se van a perder.
Te aprieto en mi mano fuerte,
para que dentro de mí no puedas establecerte.
Tu vida ahora se debilita por mi voluntad,
mientras mi deseo se hace realidad.

Queme la carta hasta las cenizas y tírela a los vientos.

Nuevas actividades

Hechizo para abrirse a nuevas actividades

Materiales

As de bastos

1 vela blanca

Encienda la vela durante la Luna nueva, y observe la danza de la llama hasta que sienta que su luz lo envuelve por completo. Luego, con el as de bastos en la mano, invoque su poder diciendo algo como:

Carta de todo lo que es fresco y nuevo,
haz ahora lo que te pido y ruego.
Trae inspiración, clara y brillante,
saca a la luz oportunidades para salir adelante.
Haz que entre en juego la sincronicidad,
y tráeme nuevos comienzos sin dificultad.
Para que pueda iniciar mi vida nuevamente,
as de bastos, satisface mi deseo ferviente.

Deje la carta en frente de la vela hasta que la mecha se consuma, luego cárguela a todo momento.

Obstáculos

Hechizo para disolver obstáculos

Materiales

As de espadas

Coloque la carta donde pueda verla, luego visualice la espada cayendo justo en su mano. Sienta cómo se acopla a la palma y tome tiempo para acostumbrarse a su peso. (Esto es importante porque la hoja es pesada y tiene doble filo, y si no la maneja correctamente, podría herirse). Luego véase cortando obstáculos, defendiéndose y protegiéndose mientras los enemigos huyen y caen. Finalmente, observe la espada y diga:

Preciada espada, as campeón y triunfador,
que mantiene mis objetivos alcanzables y a mi favor.
Empleando su impecable gracia y velocidad,
para que mi éxito sea una realidad.
Cuando te llame para verte frente a frente,
ven rápidamente al lugar donde me encuentre.

Podrá llamar de nuevo la espada cada vez que surja la necesidad.

Encanto para prevenir obstáculos

Materiales
Siete de bastos

Para evitar que obstáculos bloqueen su camino, encante el siete de bastos diciendo algo como:

Siete de bastos, escucha mi petición,
quita los obstáculos que me causan limitación.
Remueve los escombros de mi camino,
para que cada oportunidad dada por lo divino.
Permanezca a mi vista claramente,
cumple ahora mi deseo ferviente.

Lleve la carta consigo.

Oportunidad

Hechizo para abrir las puertas a oportunidades

Materiales

Siete de copas

Para encontrar oportunidades, párese en una puerta con la carta del siete de copas en su mano. Vea toda clase de oportunidades en su camino; en realidad tantas, que no puede contarlas con ambas manos. Luego, encante la carta diciendo algo como:

Copas de posibilidad,
lancen sobre mí su luz de bondad.
Que todos los del poder me vean ahora,
y sus favores me hagan a toda hora.
Haz que me envuelvan como una luz dorada,
y abran las puertas de la gloria deseada.
Trayendo interminables oportunidades,
mientras mis deseos son realidades.

Lleve la carta consigo.

Paciencia

Encanto de paciencia

Materiales

El loco

Sostenga con ambas manos la carta del loco y véalo en su viaje, parando pacientemente para escuchar a quienes se cruzan en su camino, y aprendiendo de ellos. Introdúzcase en la carta, tome la mano del loco y diga algo como:

Loco, quien viaja y se entrega a su suerte,
cuya persistencia es tan fuerte.
Quien resiste difíciles caminos que voltean,
caminos de vida que giran y serpentean.
Con paciencia insuperada,
dame ahora la respuesta deseada.
Dame los dones para aprender,
a celebrar cada vuelta y giro que he de ver.
Sacando tiempo para coger las flores,
las rosas de la vida y percibir sus olores.
Dame también tu paciencia,
para introducir ahora en mi conciencia.
No apresurarme en mi camino,
ni precipitar mi destino.
Más bien esperar la divina voluntad,
que mi deseo, loco, se haga realidad.

Encanto para la paciencia

Materiales
La templanza

Para adquirir la virtud de la paciencia, encante la carta de la templanza diciendo algo como:

Carta de moderación,
la paciencia es mi petición.

Tráela a mí —déjame ver,
que esperar, a menudo es el mejor proceder.
Para tener los más grandes regalos sin errar,
un suelo más firme que no ha de cambiar.
Que todo llegue con el tiempo a mí,
dame paciencia —te lo pido aquí.

Lleve la carta consigo.

Parto

Encanto para facilitar el parto

Materiales
La emperatriz

Durante la Luna llena anterior al parto, tome la carta con las dos manos y colóquela sobre su abdomen. Luego invoque el poder de la madre, diciendo algo como lo siguiente:

Madre de toda tierra y mar,
dame ahora tu poder de crear.
Alivia el dolor del nacimiento de esta criatura,
reemplázalo con tu alegría y ternura.
Envuélvenos en tus brazos amorosos,
protegiéndonos de enfermedades y daños dolorosos.
Brinda tu protección a mí y al bebé,
para que este parto fácilmente se dé.

Lleve la carta a la sala de parto y úsela como un punto focal durante el alumbramiento.

Pasión sexual

Hechizo para mejorar el desempeño sexual

Materiales

Los enamorados

El diablo

1 vela roja

1 cucharada de clavos

Hilo rojo

Aguja

Durante la Luna creciente a llena, prenda la vela y véase junto a su pareja teniendo sexo ardiente y apasionado. Cuando fije la imagen en su mente —ahora debería al menos estar respirando fuerte—, ponga la carta de los enamorados boca abajo, y sobre ella la carta del diablo boca arriba. Tómelas y dóblelas por la mitad, dejando visible la carta del diablo. Cosa dos lados y ponga los clavos adentro. Luego cosa el tercer lado para asegurar el paquete mientras dice algo como:

Hierba y cartas, agiten la olla de la pasión,
devuelvan el deseo y la emoción.
Para que se enciendan chispas cuando nos toquemos,
y la sangre hierva hasta que nos acostemos.
Satisfechos por algo maravilloso,
pero modera esto con cuidado amoroso.
Para que se mantenga la pasión entre los dos,
haz ahora lo que te pido con mi voz.

Deje el paquete en frente de la vela hasta que la mecha se consuma. Luego ponga el objeto encantado debajo de la cama o del colchón.

Perdón

Invocación de perdón

Materiales

El Sol

Durante tiempos en que el perdón no se da fácilmente, tome la carta del Sol con ambas manos y visualice su luz caliente aliviándolo de todos los resentimientos y tristezas asociados al asunto. Luego invoque el espíritu del Sol diciendo algo como:

Soy el Sol —soy la luz de unidad,
que domina y vence la oscuridad.
Cuyo calor alivia las heridas de la mente,
cuya luz dentro de mí brilla intensamente.
Cuya alegría mora en mi corazón cansado,
cuyo resplandor no puede ser ignorado.
Quien trae el poder para solucionar,
todo lo que ahora se debe perdonar.
Con este poder libero a voluntad,
el daño que ha destruido mi tranquilidad.
Perdono lo que mal fue realizado,
que así sea —soy el Sol renovado.

Pesadillas

Encanto para disipar pesadillas

Materiales

Seis de espadas

1 citrino pequeño

Sostenga con ambas manos el seis de espadas y visualícese descansando tranquilamente sin interrupciones. Vea las espadas de la carta protegiéndolo y ahuyentando lo que podría perturbarlo. Una vez que la imagen esté bien fija en su mente, diga algo como lo siguiente:

Seis de espadas, levanta tus hojas y tu fuerza poderosa,
protege el lugar donde mi cabeza reposa.
Para que ninguna pesadilla se atreva a entrar,
al reino de mi tranquilo sueño y despertar.
Para descansar bien en la oscuridad nocturna,
hasta la aparición de la luz diurna.

Descargue la carta boca arriba y, aún visualizando la escena, tome el citrino. Sostenga la piedra hasta que empiece a pulsar, luego póngala sobre su tercer ojo para sintonizarla con la visualización. Diga algo como lo siguiente.

Acudo a ti, oh piedra amarilla,
absorbe y neutraliza cada pesadilla.
Mantenlas bien lejos de mí,
mientras mi deseo se cumple aquí.

Coloque la piedra sobre la carta del Seis de espadas y déjela ahí hasta el momento de acostarse. Duerma con la piedra debajo de la almohada.

Préstamos bancarios

Hechizo para la aprobación de un préstamo

Materiales

As de pentáculos

1 vela verde con aroma de arrayán

1 candelero

1 marcador o lapicero verde

Durante la Luna nueva o llena, inscriba en una vela de arrayán la cantidad de dinero que necesita en el préstamo. Usando el lapicero verde, escriba la cantidad a través del as de pentáculos. Ponga la vela en el candelero, luego la carta debajo de éste. Encienda la vela y cante algo como esto:

Por los pentáculos y el fuego de la vela,
tráeme lo que mi mente anhela.
Trae el dinero que necesito urgente,
de la manera más rápida y diligente.

Deje que la vela se consuma, luego cargue la carta en su billetera o cartera.

Hechizo para recibir una tarjeta de crédito

Materiales

Nueve de pentáculos

1 vela verde

Empiece encendiendo la vela, luego visualice que recibe la tarjeta de crédito en el correo. Llene la solicitud de la tarjeta y póngala en frente de la vela con el nueve de pentáculos encima, diciendo algo como:

Por el nueve de pentáculos mis deseos son realidad,
haz ahora lo que pido con voluntad.
Trae a mí esta tarjeta de crédito,
que así sea porque tengo el mérito.

Deje que la vela se consuma, luego lama su dedo y úselo para trazar un pentragrama de invocación sobre la solicitud. Envíe por correo el documento y espere que la tarjeta llegue.

Protección

Encanto de protección general

Materiales
La sacerdotisa

Con la carta de la sacerdotisa en sus manos, visualice la carta tomando la forma de una entidad viviente, creciendo hasta encumbrarse sobre usted. Luego pídale protección diciendo algo como:

Sacerdotisa que se esconde de la visión,
te llamo y conjuro en mi situación.
Para que me protejas de todas las cosas,
que pueda y no pueda ver aunque sean desastrosas.

Escóndeme ahora entre los mundos y mi hado,
pido que tu poder sea desatado.
Para estar protegido con su fuerza latente,
y envuélveme en tus brazos finalmente.
Hasta que este peligro haya pasado,
haz ahora lo que te he solicitado.

Lleve la carta consigo.

Reencarnación

Hechizo para ver vidas pasadas

Materiales
El ermitaño

Encuentre un lugar tranquilo donde no sea interrumpido o perturbado por cosas cotidianas. Si eso no es posible, entonces desconecte el teléfono y cierre las puertas y ventanas. Haga lo necesario para aislarse del mundo exterior. La idea es tener un espacio de silencio y tranquilidad. Siéntese en una posición cómoda y sostenga la carta del ermitaño frente a usted. Diga:

Ermitaño, muéstrame quién soy,
cómo evolucioné, cómo empezó mi vida hasta hoy.
Llévame por el viaje que debo recorrer,
guíame en el camino para entender.
Déjame ver lo que debería saber,
estoy listo, ermitaño, no hay tiempo que perder.

Cierre los ojos. Inhale, exhale. Escuche el ritmo de su respiración y el ritmo de los latidos del corazón. Relájese. Luego visualice una pantalla de video en blanco. Segundos después, empezarán a pasar imágenes a través de la pantalla. Ponga atención, pues ellas lo introducirán en vidas pasadas, mostrarán quién es usted, e indicarán qué le espera en el futuro.

Remordimiento

Hechizo para acabar con el remordimiento

Materiales

Cinco de copas

1 vela blanca

Para aliviar el remordimiento, prenda una vela blanca y póngala detrás del cinco de copas. Concéntrese en la llama unos momentos y visualice que está quemando cualquier remordimiento personal. Cuando ese sentimiento esté reducido a cenizas en su mente, diga:

Todo remordimiento es quemado,
por esta danzante llama que he creado.
Ya no volverá de nuevo a mi mente,
perecerá para siempre y totalmente.

Deje la carta en frente de la vela hasta que la mecha se consuma.

Robo

Hechizo para prevenir robos

Materiales

Siete de espadas

Muy útil si vive en un sector peligroso. Este hechizo se desarrolla mejor durante la Luna menguante. Tome con ambas manos el siete de espadas y rómpalo por la mitad, diciendo:

Rompiéndote tomo tu poder,
tus planes de robo se han echado a perder.

Rompa la carta por la mitad nuevamente, diciendo:

Rompiéndote por segunda vez sello mi hogar,
para que dentro de él no puedas andar.

Rómpala una vez más, diciendo:

Rompiéndote por tercera vez te lanzarán la mirada,
para quitar tu careta delgada.

Finalmente, queme los pedazos hasta que se hagan cenizas, diciendo:

Lanzo una luz sobre ti con fuego,
para que todos vean el deseo de tu ego.
Quemo tu codicia hasta en cenizas quedar,
protegiendo a todo el que tu camino ha de pasar.

Deseche las cenizas en el inodoro.

Hechizo para localizar objetos robados

Materiales

La sacerdotisa

Paje de espadas

Una vez que haya reportado el robo a la policía, use este hechizo para acelerar el regreso de sus pertenencias. Tome la carta de la sacerdotisa con ambas manos y véala quitando el velo para mostrar los objetos perdidos, diciendo algo como lo siguiente:

Guardiana de la oscuridad y las luces vitales,
te pido ahora que encuentres y señales.
Los objetos perdidos que no he podido hallar,
echa tu luz sobre ellos y hazlos brillar.

Luego cubra la sacerdotisa con el paje de espadas. Visualícelo cortando cualquier engaño durante el interrogatorio de potenciales sospechosos. (No omita esta parte, porque no deseará que algún inocente sea inculpado del delito en cuestión). Diga:

Paje de espadas, corta el engaño planeado,
y haz que este cometido sea fácilmente logrado.
Para que el ladrón sea encarcelado,
y nadie más sufra por su comportamiento malvado.

Coloque las cartas debajo del teléfono.

Sabiduría

Hechizo para tomar decisiones sabias

Materiales

El emperador

1 vela morada

1 sobre o una pequeña bolsa de tela

1 cucharadita de salvia

Este hechizo, muy efectivo cuando no es fácil tomar decisiones, es desarrollado mejor en Luna llena. Encienda la vela, luego sostenga con ambas manos la carta del emperador y visualícese tomando decisiones firmes. Diga algo como lo siguiente:

Emperador, sobre el trono poderoso,
agudiza tu don maravilloso.
Transmite esa sabiduría a mí,
mientras mi deseo se cumple aquí.

Coloque la carta en el sobre o la bolsa, luego rocíe la salvia diciendo:

Hierba de sabiduría, transmite tu poder,
a mi hechizo y mi ser.
Haz que pueda encontrar con facilidad,
una solución sin deuda kármica ni maldad.

Selle el sobre (o cierre la bolsa) y póngalo en frente de la vela, diciendo:

Hierba y carta, conviértanse en un encanto,
poderoso, pero sin daño ni llanto.
Que me dé pura sabiduría,
como mi mente desearía.

Deje el paquete ahí hasta que la mecha de la vela se consuma, luego póngalo en la cabecera de su cama o debajo de la almohada.

Salud/curación

Canto curativo

Materiales
La estrella

En el crepúsculo, con la primera señal de la estrella vespertina, tome con las dos manos la carta de la estrella y visualice su luz rodeándolo y envolviéndolo por completo con su resplandor. Luego invoque las propiedades curativas de la estrella, diciendo algo como lo siguiente:

Estrella resplandeciente, tan brillante,
cura mi cuerpo con tu luz radiante.
Repara mi corazón y alivia mi mente,
en todo mi ser haz fluir tu magia potente.
A través de todo hueso y tejido,
por las venas donde la sangre hace su recorrido.
A través de los músculos —hasta la columna y mi mente,

a través del cerebro, haz que tu luz brille fuertemente.
Hasta que limpie cada parte de mi constitución,
de toda enfermedad y mala condición.
Me dejes fortalecido con una renovada vitalidad,
además de buena salud y claridad.
Estrella curadora, te conjuro aquí,
para que tus bendiciones envíes a mí.

Separación pacífica

Hechizo para una buena separación

Materiales

El diablo
1 vela morada
1 ónix negro pequeño

Durante la Luna menguante a oscura, prenda la vela y coloque frente a ella la carta del diablo. Luego observe la danza de la llama unos momentos, mientras tiene en sus manos un ónix negro pequeño. Diga:

La más negra piedra de separación,
trae a mí tu reparación.
Sálvame de las trampas que he colocado,
suelta los lazos personales que me tienen atado.
Ayúdame a salir de esta confusión,
satisface ahora mi petición.

Visualmente llene la piedra con su desdicha, luego déjela sobre la carta hasta que la mecha se consuma. Entierre la piedra y la carta.

Sitios de estacionamiento

Encanto para el espacio de estacionamiento

Materiales

La sacerdotisa

Con la carta de la sacerdotisa en sus manos, visualícela dirigiéndolo a sitios de parqueo. Cuando la imagen esté bien fija en su mente, diga algo como:

Sacerdotisa, escucha la petición que hago aquí,
encuentra un espacio de estacionamiento para mí.
Dondequiera que vaya, en cualquier lado,
dentro de los confines de mi carro cuidado.
Señala lo que pueda observar,
mientras mi deseo se empieza a manifestar.

Coloque la carta sobre la visera de su vehículo. Cuando entre a un estacionamiento, recuérdele a la sacerdotisa su deber, diciendo algo como lo siguiente:

Sacerdotisa, ahora acudo a ti,
para que encuentres un espacio para mí.
Haz tu trabajo rápido, como lo he deseado,
antes que otro minuto haya pasado.

Encanto para encontrar su automóvil

Materiales

El carro

Con la carta del carro en sus manos, véase siempre observando su vehículo en el parqueadero. Luego, encante la carta diciendo algo como:

Carro, busca cerca y lejos en cada dirección,
busca y encuentra mi auto con precisión.
Tráelo a mi vista rápidamente,
cumple ahora el deseo de mi mente.

Lleve consigo la carta en su billetera o cartera. Tóquela cuando no pueda encontrar su auto y rápidamente quedará a la vista.

Síndrome premenstrual

Encanto para aliviar el síndrome premenstrual

Materiales

La emperatriz

Con la carta de la emperatriz en sus manos, visualícela alejando todos los síntomas con una simple señal de la mano. Luego encante la carta diciendo algo como:

Emperatriz, madre de todas nosotras,
atiéndeme —escucha mi llamado y el de otras.
Alivia mis calambres y mi hinchazón,

aleja de mí estos malestares en mención.
Alíviame ahora de este dolor mensual,
y pone fin al síndrome premenstrual.

Lleve la carta consigo.

Solución de problemas

Hechizo para solucionar problemas rápido

Materiales

Tres de bastos
1 vela amarilla

Empiece escribiendo su problema sobre la vela, luego enciéndala y diga:

Llama de vela que arde intensamente,
trae soluciones con tu luz resplandeciente.

Luego, con la carta del tres de bastos en sus manos, piense en el problema en cuestión. Véalo desde todos los ángulos, volteándolo una y otra vez en su mente. Ahora diga algo como lo siguiente:

Carta inspiradora de capacidad latente,
con ideas llena ahora mi mente.
Trae soluciones rápidamente,
para resolver esto finalmente.

Deje la carta en frente de la vela hasta que la mecha se consuma. Luego cárguela hasta que surja una solución.

Hechizo para mejorar las soluciones

Materiales

El emperador

Lapicero verde

Escriba todos sus problemas sobre la cara de la carta. (Si necesita más espacio, continúe en el respaldo). Saque la carta al aire libre y haga con ella un avión. Tírela al aire lo más lejos que pueda, y cuando aterrice, diga algo como:

Emperador, escucha ahora mi llamado,
ayúdame a resolver problemas que no he solucionado.
Dame tu sabiduría, guía mi camino,
encuentra soluciones para mi destino.
Transmíteme tu conocimiento y poder,
para saber qué ruta coger.
Una vez resuelta la situación,
aleja otros problemas de mi visión.

Entierre el avión donde aterrizó, diciendo algo como lo siguiente:

En suelo firme eres enterrado,
y por el poder de la tierra estás obligado.
A proveer las respuestas que necesitaré,
te conjuro: tu gran trabajo veré.

Aléjese sin mirar atrás. Las soluciones están en camino.

Sueños

Hechizo para tener sueños proféticos

Materiales

La emperatriz

1 vela morada

Encienda la vela y véase soñando con el futuro, pero descansando tranquilamente. Luego coja con las dos manos la carta de la sacerdotisa, y diga algo como lo siguiente:

Sacerdotisa, ahora acudo a ti,
para que levantes el velo que hay en mí.
Para en mis sueños deambular,
y de este modo el futuro observar.
Revela todo lo que debería ver,
y muéstrame soluciones fáciles de entender.
Revela todo lo que debería saber,
señalando claramente amigos y gente a temer.
Pero también dame mucha tranquilidad,
mientras mi deseo se hace realidad.

Coloque la carta en frente de la vela y déjela ahí hasta que la mecha se consuma. Duerma con la carta debajo de la almohada.

Encanto para tener sueños proféticos

Materiales

Seis de espadas

Para recibir sueños proféticos y recordarlos, duerma con el seis de espadas debajo de la almohada.

Suerte

Hechizo para cambiar la suerte

Materiales
Diez de espadas
Plato a prueba de fuego
Encendedor o fósforos

Durante la Luna menguante a oscura, tome la carta del diez de espadas con ambas manos, y piense en todo lo que ha salido mal en su vida. Luego llene mentalmente la carta con sus infortunios. Una vez que haya vertido cada fragmento de mala suerte en la carta, tírela al suelo y pisotéela, diciendo algo como lo siguiente:

Pisoteo cada fragmento de dolor,
que aparezca en mi camino de honor.
Porque aleja la buena suerte de mí,
que así sea; sello mi deseo aquí.

Luego recoja la carta y estrújela en su mano, diciendo:

Te estrujo ahora —tomo tu vida,
tomo tu poder y la lucha que en ti anida.
Tomo tu fuerza y obtengo mi libertad,
como lo deseo, que se haga mi voluntad.

Al final préndale fuego a la carta y diga algo como lo siguiente:

Todas las desgracias de mi vida son quemadas,
este mismo día son alejadas.
Por la carta, el fuego, el humo y la ceniza,
la vida comienza de nuevo sin una triza.
De algo diferente a la alegría radiante,
lo afirmo así con la luz flamante.

Deseche las cenizas en el inodoro, y sepa que la buena suerte está en camino.

Encanto para la buena suerte en el hogar

Materiales
El Sol
El mundo
El mago
1 herradura

Cuelgue la herradura sobre su puerta principal con los extremos hacia arriba. Luego organice las cartas en abanico, con el mago en el centro. Ponga el abanico dentro de la "suerte" de la herradura y asegúrelo, diciendo algo como lo siguiente:

La buena suerte sonreirá en toda la vida futura,
por el abanico de fortuna en esta herradura.
De todo lo demás esta casa tendrá libertad,
como lo deseo, que se haga mi voluntad.

Talentos

Hechizo para descubrir talentos ocultos

Materiales

Su carta de talentos personal

1 vela blanca

Para aprovechar al máximo sus talentos ocultos, empiece localizando su carta de talentos (vea las instrucciones en el capítulo 3). Luego encienda la vela y vea su luz guiándolo hacia estos dones ocultos y mostrándole cómo aplicarlos en la vida cotidiana. Tome la carta con ambas manos y examínela unos momentos, luego diga algo como lo siguiente:

Carta de dones y brillantes talentos,
en mí se revelan tus significados y argumentos.
Muéstrame cuáles son mis capacidades,
y cómo usarlas en las oportunidades.
Para ayudarme y ayudar al desprotegido,
haz ahora lo que te pido.

Continúe examinando la carta a través de la meditación. Haga preguntas y escuche las respuestas con atención. Cargue la carta regularmente, ya que las respuestas a menudo llegan cuando menos se espera.

Tiempo

Hechizo para congelar el tiempo

Materiales

La rueda de la fortuna

Para detener el tiempo temporalmente, sostenga la carta de la rueda de la fortuna con ambas manos y vea la rueda deteniéndose. Cuando se detenga, visualice todo el tiempo congelado. (¡Esto requiere mucha concentración!). Finalice el hechizo diciendo algo como:

> *Rueda de la fortuna, detén tu movimiento,*
> *para que ningún otro segundo cruce el viento.*
> *Detén el tiempo y mantenlo congelado,*
> *hazlo ahora, rueda, como tanto lo he deseado.*

Use la visualización cada vez que esté retardado o necesite minutos extras de tiempo interrumpido para terminar un proyecto.

Tráfico

Encanto para facilitar el flujo de tráfico

Materiales

El carro

2 pies de cinta amarilla de ¼" de pulgada

Perforadora de un agujero

1 vela amarilla

Durante la Luna nueva a llena, reúna los materiales y encienda la vela amarilla. Observe cómo la llama se eleva cada vez más, mientras visualiza el tráfico fluyendo sin obstrucciones de accidentes u otros problemas. Luego tome la carta del carro y, continuando la visualización, diga algo como lo siguiente:

Carro de velocidad y luz brillante,
conjuro tu fuerza y poder dominante.
Para facilitar el flujo de tráfico en coche,
donde yo decida viajar, de día o de noche.
Aleja todo daño de mí,
mientras se cumple mi deseo aquí.

Haga un agujero en la parte superior de la carta y enhebre la cinta, atando luego los extremos. Deje la carta en frente de la vela hasta que la mecha se consuma. Cuélguela sobre el espejo retrovisor de su vehículo.

Trastorno de déficit de atención

Hechizo para aliviar el trastorno de déficit de atención

Materiales

La Luna
Ocho de espadas
Ocho de pentáculos
1 pequeño cristal de cuarzo claro

Con la carta de la Luna en su mano, véase siendo atento a las cosas que suceden a su alrededor, y diga:

A la Luna dejo de aullar,
veo lo que a mi paso he de encontrar.
Todo, lo bueno, malo y diferente,
ahora está a mi vista continuamente.

Levante el ocho de espadas y, usándolo para cubrir la carta anterior, concéntrese en ver las cosas exactamente como son. Diga:

Las gafas de color rosa dejo a un lado,
porque cambiaron mi visión de lo que había encontrado.
Tirándolas bien lejos ahora,
veo claramente noche y día, y a toda hora.

Ahora tome el ocho de pentáculos y, usándolo para cubrir la carta anterior, visualícese adquiriendo las capacidades de buena concentración y atención. Diga:

De las distracciones me he liberado,
y mientras se alejan de mi lado.
La concentración toma un lugar activo,
y se fortalece cada día que vivo.

Aún sosteniendo las tres cartas, ponga el cristal encima y cúbralo con la otra mano. Visualice los poderes de concentración y enfoque fluyendo a la piedra desde su tercer ojo, diciendo:

Piedra de poder —piedra de iluminación,
piedra de memoria y clara visión.
Ayúdame en este deseo que mi alma añora,
dame la más pura concentración y permite ahora.
Que mi capacidad de atención vaya en aumento,
y obtenga las semillas del conocimiento.

Lleve el cristal consigo a todo momento. (*Nota:* continúe tomando las medicaciones prescritas por el médico).

Valor

Hechizo para armarse de valor

Materiales
Siete de bastos
1 vela morada
Aceite vegetal
Tomillo

Empiece ungiendo la vela con aceite vegetal y rodándola en el tomillo, mientras se visualiza como la persona más valiente del planeta. Luego prenda la vela y diga algo como lo siguiente:

Enciendo la llama que arde en mí este día,
y de su danza fluye la valentía.

Luego tome la carta del siete de bastos y véase enfrentando todos los retos que se le atraviesen, sin importar qué tan difíciles sean. Ahora nada está fuera de su alcance, capacidad o fuerza. Sienta el valor fluyendo en usted en su forma más pura, sacándole los temores que pueda haber tenido. Una vez que el valor llene por completo su cuerpo, lleve la carta a su tercer ojo, diciendo algo como lo siguiente:

Mis retos voy a enfrentar,
no hay ninguno que no pueda derrotar.
Con esta carta, mi valor y fortaleza,
me llena de los pies a la cabeza.
Para liberarme de mi timidez frustrante,
y con mi deseo cumplido salir adelante.

Deje la carta en frente de la vela hasta que la mecha se apague, luego llévela con usted.

Encanto de valor para ser uno mismo

Materiales

El sacerdote

Si no tiene valor para ser fiel a su individualidad, cargue constantemente la carta del sacerdote. ¡Estará danzando a su propio ritmo!

Valor personal

Hechizo para elevar la autoestima

Materiales
El colgado
1 vela blanca

Para estimular el valor personal, ponga la carta del colgado debajo de una vela blanca. Encienda la vela y vea su luz envolviéndolo con entusiasmo, amor y alegría. Luego diga las palabras siguientes con sentimiento. Tendrá una actitud totalmente nueva.

Soy importante —soy la luz flamante,
soy la fuente que hace al mundo brillante.
Soy todo lo que fluye abajo y arriba,
soy parte integral de la red cósmica viva.

Deje que la mecha de la vela se consuma.

Encanto de poder personal

Materiales
El mundo
1 vela morada

Empiece pensando unos minutos en las cosas que ha realizado en su vida. Piense en lo que aprendió, los problemas que solucionó y, por supuesto, lo maravilloso que es usted. Luego encienda la vela y véase progresando en la vida, encontrándose con el éxito y consiguiendo más de lo que ha soñado. Cuando la imagen esté bien fija en su mente, tome con una mano la carta del mundo y diga tres veces:

Soy exitoso porque soy el mundo,
soy todas las metas y soluciones en conjunto.
Soy mi hado, mi destino, mi proceder,
soy el mundo —soy todo lo que puedo ser.

Deje la carta en frente de la vela hasta que la mecha se consuma. Llévela consigo a todo momento.

Verdad

Hechizo para descubrir la verdad

Materiales
Paje de espadas
1 pequeño cristal de cuarzo claro

Cuando necesite descubrir el engaño, coloque el cristal de cuarzo sobre su tercer ojo y durante unos minutos concéntrese en las circunstancias y las personas involucradas. Luego coloque la piedra sobre el paje de espadas, cúbrala con su mano dominante, y diga algo como lo siguiente:

Piedra de conocimiento amplificado,
por el paje de espadas, no puedes mentir a mi lado.
Encuentra la verdad y déjame verla,
tráela a mí ahora, quiero conocerla.

Deje todo ahí. Antes de acostarse, coja la piedra, póngala sobre su tercer ojo y observe cómo se revela la visión.

Viajes

Encanto para viajes seguros

Materiales

El carro

Papel aluminio

Con la carta del carro en sus manos, visualice a todos los que viajan en su vehículo estando seguros de daños y disfrutando viajes agradables. Luego envuelva la carta con papel aluminio, dejando hacia afuera el lado brillante, mientras ve los potenciales peligros desviándose lejos del vehículo y sus ocupantes. Diga algo como lo siguiente:

Protege a todos los pasajeros de este carro en su camino,
dondequiera que viajen, cerca o lejos de su destino.
Del daño o peligro que puedan encontrar,
porque desde ahora haz de actuar.
Para desviar los problemas en la vía,
y mantener a todos seguros noche y día.

Coloque el paquete en la guantera del vehículo.

Hechizo para llegada de equipaje

Materiales

El carro

Pizca de lavanda

Pegante blanco

Para asegurar que el equipaje llegue con usted cuando viaje, ponga la lavanda sobre la carta. Doble la carta en tercios, y luego en tercios otra vez. Asegure el paquete con un poco de pegante, diciendo algo como:

Hierba y carro péguense a esta maleta,
protéjanla de problemas antes de la meta.
De cambios de horario e infortunios en el viaje,
aseguren que a donde yo voy llegue este equipaje.
Sin una sola reserva en el camino,
para que llegue a mi destino.

Coloque el paquete en su maleta. (Si tiene más maletas, haga un paquete para cada una).

Victoria

Hechizo para victoria general

Materiales

As de espadas
1 hoja de laurel
1 vela amarilla
Bloque de carbón vegetal
Plato a prueba de fuego

Un domingo o jueves durante la Luna creciente, encienda la vela y vea cómo todos sus esfuerzos encuentran el éxito. Luego coja la carta del as de espadas, diciendo algo como lo siguiente:

Tengo la espada de victoria,
la tengo ahora para que todos vean su gloria.
Es mía en todo lo que hago,
su magia funciona y me hace un mago.
Para que mis esfuerzos y actividades,
encuentren la victoria y sus bondades.

Coloque la carta sobre el carbón ardiente (asegúrese de prenderlo en un plato incombustible), luego adicione la hoja de laurel, diciendo:

Por la hierba y la carta en la llama del fuego,
tráeme ahora lo que deseo y ruego.
Atrae la dulce victoria hacia mí,
mientras mi voluntad se cumple aquí.

Deje que la mecha de la vela se consuma; luego entierre los restos de cera y cenizas.

Encanto para prevenir la derrota

Materiales
Seis de bastos

Para evitar que las tareas personales encuentren la derrota, encante el seis de bastos diciendo algo como:

Trae victorias y hazlas flamantes,
porque no aceptaré derrotas decepcionantes.
Seis de bastos, escucha ahora mi petición,
tráelas rápidamente a mi dirección.

Lleve la carta consigo.

Notas

1. Para trazar un pentagrama de invocación, comience en la punta superior, baje hasta la punta inferior izquierda, luego arriba a la punta derecha, siguiendo con la punta izquierda, abajo a la punta inferior derecha, y finalmente de regreso a la punta superior para terminar el pentagrama.
2. Un pentagrama de destierro es trazado desde la punta superior a la punta inferior izquierda, luego arriba a la punta izquierda central, siguiendo hasta la punta derecha central, bajando a la punta inferior izquierda, y regresando a la punta superior para terminar el pentagrama.

Pentagrama de invocación

1
3
4
5
2

Pentagrama de destierro

Conclusión

El esfuerzo creativo —la disposición para personalizar, improvisar y actuar con inspiración— es importante en la magia. ¿Por qué? Porque la creatividad es la matriz de la cual fluye toda magia. Es el catalizador que la hace despegar, la envía al universo y la regresa transformada siempre manifestando nuestros deseos. Sin ella, la magia simplemente no existiría.

Lo anterior no quiere decir que los hechizos de este libro no funcionarán como están escritos. Sí lo harán. Sin embargo, tal vez considere que necesita cambiarlos un poco para que se ajusten a sus propósitos. Y siendo ese el caso, no hay problema en agregar u omitir algo en determinada parte de un hechizo, o tal vez sustituir una cosa por otra. ¿Preocupado por arruinar los hechizos? Tranquilo, sólo use los componentes listados en los apéndices siguientes. Ellos le garantizan que su magia seguirá fluyendo impecablemente y se producirán los resultados deseados.

Apéndice A

Usos mágicos de las hierbas, plantas y flores

Adivinación: alcanfor, diente de león, vara de oro, hiedra terrestre, beleño, avellana, hibisco, ulmaria, artemisa, granada

Amistad: limón, naranja, girasol, guisante de olor, sarapia, vainilla

Amor: raíz de Adán y Eva, pimienta inglesa, manzana, albaricoque, balsamea, albahaca, dicentra, cardamomo, hierba gatera, camomila, canela, clavo, aguileña, copal, culantro, azafrán, cubeba, narciso trompón, margarita, damiana, eneldo, énula campana, olmo, endibia, higo, gardenia, geranio, jengibre, ginseng, hibisco, jacinto, brocha india, jazmín, enebro común, kava-kava, arce, alquimila, lavanda, toronjil, luisa, lobelia, loto, mirto, mandrágora, mejorana, nuez moscada, orquídea, pensamiento, durazno, menta piperita, pervinca, amapola, primavera, rosa, romero, ruda, menta verde, pasajera, fresa, tomillo, sarapia, tulipán, vainilla, sauce, verbena, violeta, betónica de los bosques, milenrama

Apatía: jengibre, menta piperita

Asuntos legales: espino cerval, celidonia, camomila, galangal, nuez dura, raíz de John el Conquistador, caléndula

Belleza: aguacate, hierba gatera, ginseng, lino, cabello de Venus, helecho, rosa, romero, hamamelis de Virginia

Capacidad psíquica: apio, canela, énula campana, lino, galangal, madreselva, hierba de limón, macis, caléndula, artemisa, menta piperita, rosa, serbal de los cazadores, anís estrellado, tomillo, uva ursa, milenrama, limoncillo, eufrasia, ajenjo

Deseos: hoja de laurel, diente de león, cornejo, avellano, lágrimas de Job, salvia, girasol, sarapia, vainilla, verbena, violeta, nogal

Empleo: bergamoto, arrayán brabántico, hoja de laurel, pacana, pino

Enemigos: pachulí, olmo norteamericano

Éxito: canela, trébol, jengibre, toronjil raíz de John el Conquistador, naranja, serbal de los cazadores

Éxito comercial: albahaca, espino, sándalo, esquila

Fuerza: bellota, hoja de laurel, clavel, artemisa, morera, poleo, llantén, hierba de San Juan, cardo

Juego: camomila, pino, castaño de Indias

Liberación: achicoria, ciprés, lavanda, loto, muérdago

Manejo de la ansiedad: valeriana

Manejo de la depresión: hierba gatera, celidonia, espino, margarita, madreselva, jacinto, toronjil, lirio de los valles, mejorana, azafrán, bolsa de pastor

Manejo de la ira: almendra, hierba gatera, camomila, énula campana, rosa, toronjil, lavanda, menta, verbena, pasionaria,

Manejo del acoso sexual: bergamoto, alcanfor, verbena, hamamelis de Virginia, nitro

Manejo del dolor de amor: manzana, dulcamara, jazmín; ciclamen, madreselva, toronjil, magnolia, durazno, fresa, milenrama

Manejo del estrés: caléndula, camomila, consuelda, lúpulo, lavanda, ortiga, avena, pasionaria, hierba de San Juan

Menopausia: lavanda, menta piperita, salvia

Pasión: pimienta inglesa, alcaravea, zanahoria, anea, canela, quinquefolio, clavo, damiana, eneldo, dedalera, galangal, ginseng, hibisco, muérdago, perejil, romero, sésamo, abrótano, vainilla, violeta, yohimbe

Poderes mentales: curalotodo, hoja de laurel, alcaravea, semilla de apio, nomeolvides, avellano, lirio de los valles, marrubio, loto, pensamiento, pervinca, ruda, sándalo, espicanardo, ajedrea de jardín, menta verde

Prevención de pesadillas: gordolobo, camomila

Prosperidad: almendra, hoja de laurel, albahaca, canela, bergamoto, cedro, camomila, , quinquefolio, trébol, mandrágora, mejorana, podofilo, roble, perejil, pino, pacana, dragón, girasol, asperilla, sarapia, tulipán, vainilla, verbena, trigo

Protección: violeta africana, agrimonia, áloe vera, cactus, angélica, anís, asafétida, balsamea, albahaca, hoja de laurel, abedul, retama, bardana, cálamo, alcaravea, clavel, cedro, crisantemo, canela, quinquefolio, clavo, trébol, comino, curry, ciclamen, ciprés, eneldo, sangre de dragón, saúco, énula campana, eucalipto, hinojo, lino, olíbano, galangal, ajo, geranio, ginseng, brezo, acebo, madreselva, marrubio, jacinto, hisopo, hiedra, enebro común, lavanda, lila, lirio, tila, loto, menta, mandrágora, caléndula, mimosa, muérdago, artemisa, dedalera, gordolobo, mostaza, mirra, ortiga, roble, olivo, cebolla, perejil, poleo, peonía, pimienta, pino, pervinca, llantén, primavera, rosa, serbal de los cazadores, ruda, salvia, hierba de San Juan, sándalo, dragón, asperilla, cardo, tulipán, valeriana, verbena, violeta, sauce, betónica de los bosques, yuca, alisón, maranta, eupatorio, datura, cornejo, triosteo, hierba pulguera, hierba puntera, chapín, consuelda, malva, morera, membrillo, rábano, frambueso, ruibarbo, barba española, abrótano, gaulteria, hamamelis de Virginia

Robo: alcaravea, saúco, ajo, genciana, enebro común, romero, vetiver

Sabiduría: pimienta inglesa, manzana, cebada, hoja de laurel, zarzamora, cedro, canela, consuelda, saúco, eucalipto, hinojo, lino, ajo, ginseng, sello dorado, heliotropo, lúpulo, marrubio, hiedra, toronjil, menta, artemisa, mirra, capuchina, nuez moscada, roble, olivo, cebolla, menta piperita, placaminero, pino, cardo, llantén, romero, serbal de los cazadores, ruda, azafrán, sándalo, bolsa de pastor, tomillo, sauce, violeta, yerba santa, verbena, gaulteria

Síndrome premenstrual: matricaria, jazmín, lavanda, rosa

Sueño: agrimonia, camomila, quinquefolio, saúco, tila, lúpulo, lavanda, menta piperita, romero, bolsa de pastor, tomillo, valeriana, verbena

Sueños proféticos: anís, camomila, quinquefolio, clavos, heliotropo, jazmín, mimosa, menta, artemisa, rosa, romero, valeriana

Suerte: pimienta inglesa, campanilla, cálamo, jabonero de las Antillas, narciso trompón, avellano, brezo, rosa, acebo, lágrimas de Job, lino, tila, nuez moscada, roble, naranja, placaminero, granada, amapola, serpentaria de Virginia, vetiver, violeta

Valor: borraja, cedro, aguileña, imperatoria, gordolobo, guisante de olor, tomillo, sarapia, milenrama

Viajes: quelpo, lavanda

Victoria: hoja de laurel, raíz de John el Conquistador, olivo

Apéndice B

Usos mágicos de las piedras

Adivinación: hematites, piedra de la Luna, obsidiana irisada, ópalo, cristal de cuarzo.

Amarillo: elemento aire, comunicación, actividades creativas, alegría, éxito.

Amistad: crisoprasa, cuarzo rosado, turmalina rosada, turquesa.

Amor: alejandrita, ámbar, amatista, crisocola, diamante, esmeralda, jade, lapislázuli, lepidolita, malaquita, ópalo, piedra de la Luna, perla, cuarzo rosado, rodocrosita, zafiro, topacio, turmalina rosada, turquesa.

Belleza: ámbar, ojo de gato, jaspe, ópalo, cuarzo rosado, unakita.

Cambio: ametrino, ópalo, unakita, turmalina.

Capacidad psíquica: amatista, aguamarina, azurita, citrino, cristal de cuarzo, esmeralda, lapislázuli, piedras agujereadas.

Creatividad: calcita anaranjada, citrino, ópalo, topacio.

Curación/salud: ágata verde, amatista, venturina, azurita, restañasangre, cornalina, crisoprasa, coral, diamante, peridoto, madera petrificada, cristal de cuarzo, zafiro, cuarzo ahumado, sodalita, estaurolita, sugilita, piedra del Sol, topacio amarillo, turquesa.

Dieta: piedra de la Luna, topacio azul.

Elocuencia: cornalina, celestita, esmeralda.

Energía física: granate, cristal de cuarzo, rodocrosita, piedra del Sol, ojo de gato.

Éxito: amazonita, crisoprasa, mármol, piedra del Sol.

Éxito comercial: ágata verde, venturina, restañasangre, esmeralda, jade, lapislázuli, malaquita, turmalina verde.

Habilidad mental: venturina, citrino, esmeralda, fluorita, cristal de cuarzo.

Jardinería: ágata verde, ágata musgosa, jade, malaquita, cristal de cuarzo.

Juego de azar: amazonita, venturina, ojo de gato.

Manejo de ataques psíquicos: alejandrita, fluorita, hematites, ópalo.

Manejo de la depresión: ágata azul, kunzita.

Manejo de la ira: amatista, cornalina, lepidolita, topacio.

Manejo de malos hábitos: piedra de la Luna, obsidiana, ónix negro.

Manejo de robos: granate, circona cúbica.

Manejo del estrés: amatista, crisoprasa, ágata piel de leopardo, jade, jaspe.

Parto: geoda, piedra de la Luna, nácar.

Pasión: cornalina, coral, piedra del Sol, obsidiana caoba.

Poder mágico: restañasangre, piedras agujereadas, cristal de cuarzo, malaquita, ópalo, rubí.

Prevención de pesadillas: calcedonia, citrino, piedras agujereadas, lepidolita, rubí.

Prosperidad: abalone, ágata verde, venturina, restañasangre, crisoprasa, esmeralda, jade, nácar, malaquita, ópalo, perla, peridoto, rubí, zafiro, estaurolita, ojo de gato, turmalina verde.

Protección: lágrima de apache, cornalina, calcedonia, crisoprasa, citrino, coral, diamante, esmeralda, rubí, pedernal, granate, piedras agujereadas, jade, jaspe, lapislázuli, lepidolita, malaquita, mármol, piedra de la Luna, nácar, perla, obsidiana, peridoto, madera petrificada, cristal de cuarzo, sal, estaurolita, piedra del Sol, ojo de gato, topacio ahumado, turmalina negra, turquesa.

Sabiduría: amatista, crisocola, coral, jade, sodalita, sugilita.

Separación pacífica: ónix negro, turmalina negra.

Sueños: amatista, azurita, citrino, ópalo, obsidiana, copo de nieve.

Suerte: alejandrita, ámbar, lágrima de apache, venturina, calcedonia, crisoprasa, piedras agujereadas, lepidolita, ópalo, perla, ojo de gato, turquesa.

Valor: ágata, amatista, aguamarina, restañasangre, ojo de gato, cornalina, diamante, hematites, lapislázuli, turmalina, turquesa.

Viajes: aguamarina, calcedonia.

Apéndice C

Sustituciones de color de vela y usos mágicos

Amarillo: elemento aire, comunicación, actividades creativas, alegría, éxito.

Azul claro: tranquilidad, claridad, curación, paz, sueños agradables, calma.

Azul oscuro: deidades femeninas, organización, elemento agua.

Blanco: claridad, enfoque, aspecto de doncella de la Triple Diosa, protección, sustitución por cualquier otro color, dirección espiritual, alivio de la tensión.

Café: disipar situaciones potencialmente peligrosas, liberar exceso de energía.

Dorado: aumento financiero, seguridad personal, deidades solares, el Dios.

Lavanda: alivio de estrés y tensión, retención de conocimiento, belleza interior, habilidad mental.

Malva: cooperación, poder intuitivo, capacidad psíquica, confianza en sí mismo.

Melocotón: empatía, amistad, amabilidad, simpatía.

Morado: elemento akasha, entrevistas de trabajo, poder mental, poder psíquico, protección, respeto, espiritualidad, victoria.

Naranja: atracción, proyectos comerciales, propuestas comerciales, motivación personal, productividad, estudio, indiferencia.

Negro: romper malos hábitos, aspecto envejecido de la Triple Diosa, detener chismes, separación, descubrir la verdad, sabiduría.

Pardo: actividades agrícolas, equilibrio, autocontrol, toma de decisiones, asuntos prácticos, confianza.

Plateado: deidades lunares, paz, serenidad, la Diosa.

Rojo: control, elemento fuego, pasión, aspecto materno de la Triple Diosa, energía física, fortaleza física, deseo sexual, timidez.

Rosado: amistad, armonía, amor, romance, amor propio.

Turquesa: diplomacia, elocuencia, amor, relajación, retención de conocimiento, lógica, alivio del estrés, estudio.

Verde: elemento tierra, fertilidad, crecimiento, curación, independencia, obstáculos, productividad, prosperidad.

Apéndice D

Métodos de lectura

Método uno: pasado, presente, futuro

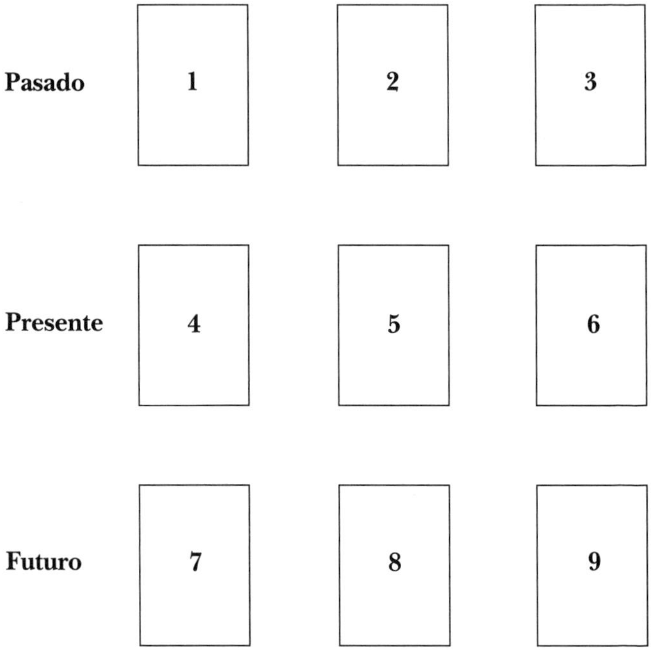

Pasado	1	2	3
Presente	4	5	6
Futuro	7	8	9

Método dos: cruz céltica

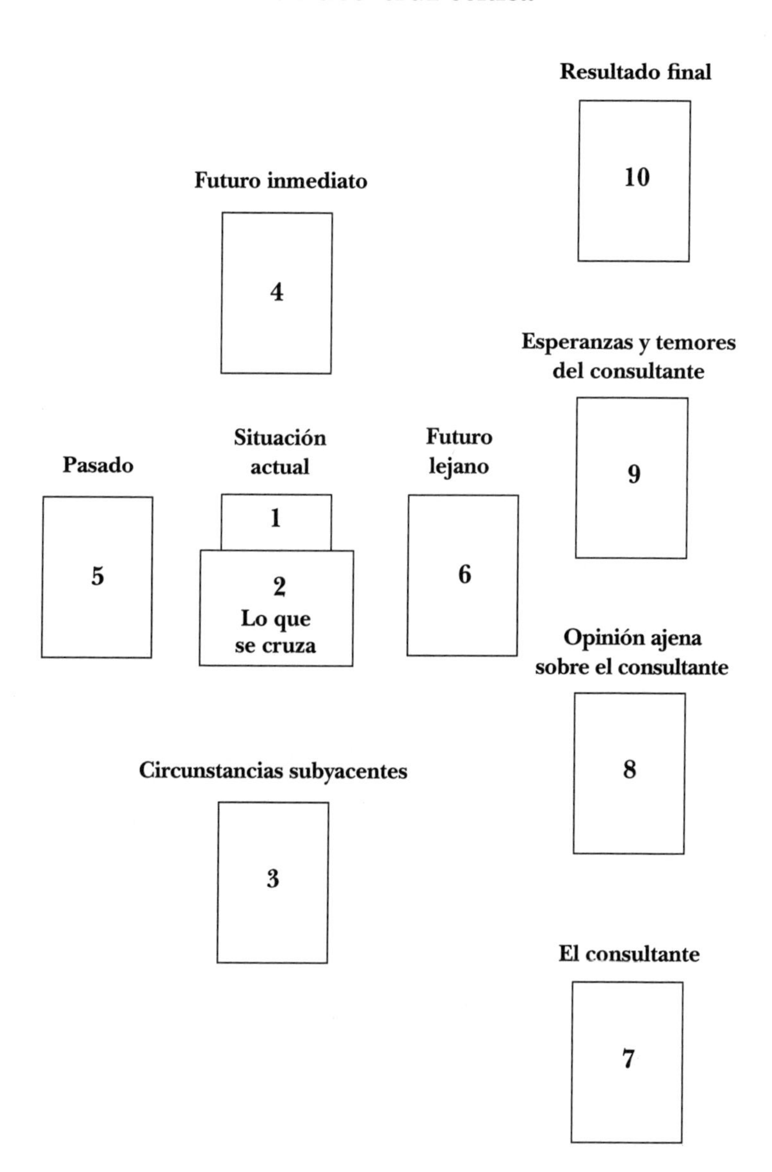

Método tres: clarificación

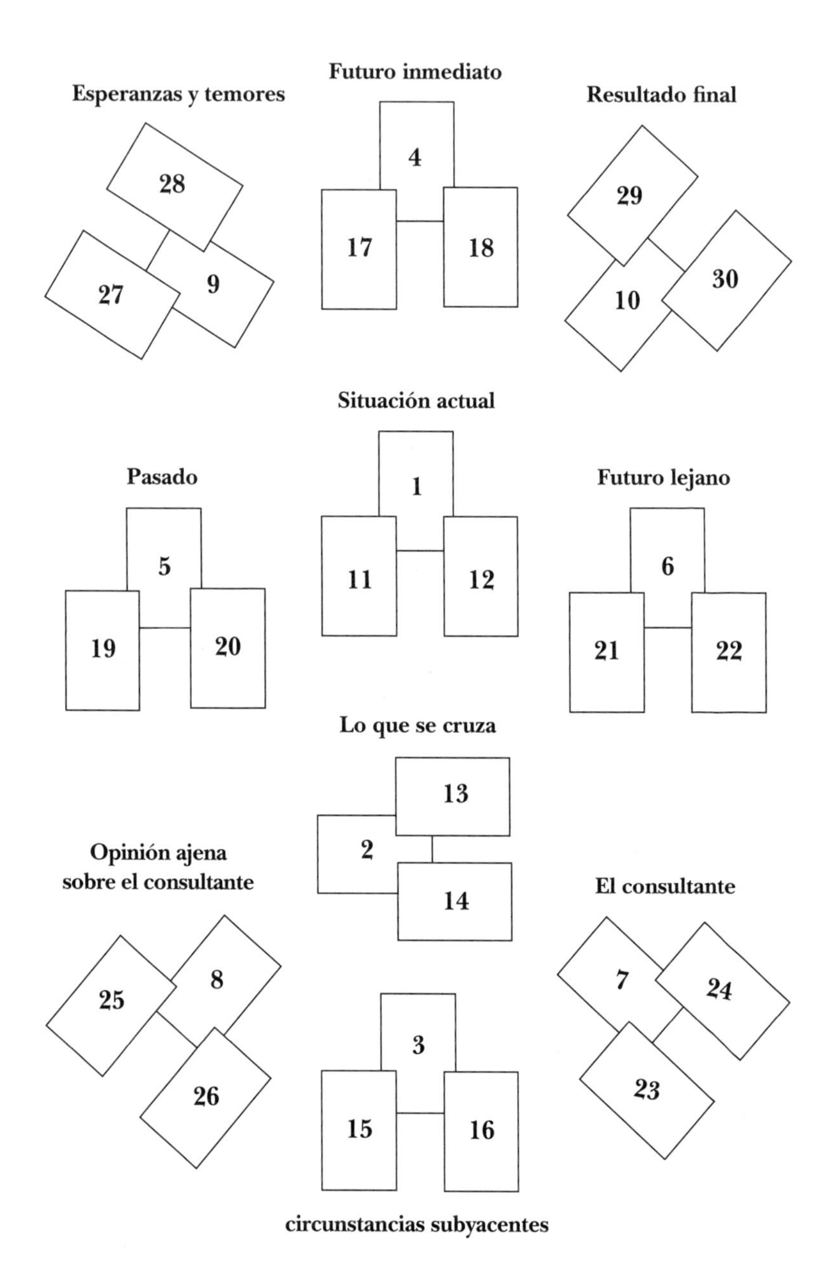

Bibliografía

Abadie, M. J. *The Everything Tarot Book.* Holbrook, Mass.: Adams Media Corporation, 1999.

Beyerl, Paul. *Master Book of Herbalism.* Custer, Wash.: Phoenix Publishing, 1984.

Clarson, Laura G. *Tarot Unveiled: The Method To Its Magic.* Stamford, Conn.: U.S. Games Systems, Inc., 1984.

Connolly, Eileen. *Tarot: A New Handbook for the Apprentice.* North Hollywood, Calif: Newcastle Publishing, Inc., 1979.

Cunningham, Scott. *Enciclopedia de cristales, gemas y metales mágicos.* St. Paul, Minn.: Llewellyn Español, 1999.

———. *Enciclopedia de las hierbas mágicas.* St. Paul, Minn.: Llewellyn Español, 1999.

David, Judithann H., Ph.D. *Michael's Gemstone Dictionary.* Channeled por J. P. Van Hulle. Orinda, Calif.: The Michael Educational Foundation and Affinity Press, 1986.

Galenorn, Yasmine. *Tarot Journeys.* St. Paul, Minn.: Llewellyn Publications, 1999.

Greer, Mary K. *Tarot for Your Self.* North Hollywood, Calif.: Newcastle Publishing, Inc., 1984.

Jette, Christine. *Tarot for the Healing Heart.* St. Paul, Minn.: Llewellyn Publications, 2001.

———. *Tarot Shadow Work.* St. Paul, Minn.: Llewellyn Publications, 2000.

Hitchcock, Helyn. *Helping Yourself with Numerology.* West Nyack, N.Y.: Parker Publishing Company, Inc., 1972.

Kunz, George Frederick. *The Curious Lore of Precious Stones.* Copyright 1913 por J. B. Lippincott Company, Philadelphia, Pa.; derechos de autor renovados en 1941 por Ruby Kunz Zinsser; publicado en 1971 por Dover Publications, Inc., New York, N.Y., con arreglos especiales de J. P. Lippincott Company.

Lewis, Anthony. *Tarot Plain and Simple.* St. Paul, Minn.: Llewellyn Publications, 1966.

Melody. *Love is in the Earth: A Kaleidoscope of Crystals.* Wheat Ridge, Colo.: Earth-Love Publishing House, 1995.

Morrison, Dorothy. *Everyday Magic.* St. Paul, Minn.: Llewellyn Publications, 1998.

———. *The Whimsical Tarot: A Deck for Children and the Young at Heart.* Stamford, Conn.: U.S. Games Systems, Inc., 2001.

Renée, Janina. *Tarot Spells*. St. Paul, Minn.: Llewellyn Publications, 1990.

———. *Tarot: Your Everyday Guide*. St. Paul, Minn.: Llewellyn Publications, 2000.

Riva, Anna. *The Modern Herbal Spellbook: The Magical Uses of Herbs*. Toluca Lake, Calif.: International Imports, 1974.

Sterling, Stephen Walter. *Tarot Awareness*. St. Paul, Minn.: Llewellyn Publications, 2000.

Índice

T

V

LLEWELLYN ESPAÑOL

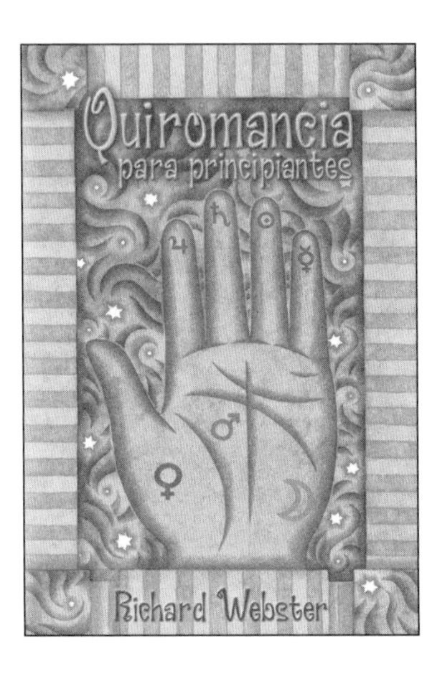

Richard Webster

QUIROMANCIA PARA PRINCIPIANTES

Realice fascinates lecturas de la mano a cualquier momento, y en cualquier lugar. Conviértase en el centro de atención con sólo mencionar sus habilidades como adivinador. Una guía que cubre desde las técnicas básicas, hasta los más recientes estudios en el campo quiromántico.

5 3/16" x 8" • 240 págs.

0-7387-0396-6

Octavio Déniz

CÓMO ENTENDER SU CARTA ASTRAL

La carta astral es la herramientamás eficiente
para interpretar la relación entre el
ser interior y el universo.
Cómo entender su carta astral le enseñará a
entender los elementos que conforman
la carta astral para comenzar una exploración
fascinante hacia el universo interior.

7½" x 9⅛" • 312 págs.

0-7387-0215-3

... LECTURAS PARA LA MENTE Y EL ESPÍRITU

LEYENDAS DE LA
SANTERIA
PATAKI
MIGENE
GONZÁLEZ-WIPPLER

LLEWELLYN ESPAÑOL

Elaine Mercado

APARICIONES

UNA HISTORIA VERDADERA

Este libro narra los eventos paranormales sucedidos en una casa de Brooklyn, Nueva York en 1982. Escrito por uno de los miembros de la familia quien experimentó el fenómeno por trece años.

6" x 9" • 216 Págs.

0-7387-0214-5

Sandra Kynes

FENG SHUI CON GEMAS Y CRISTALES

EQUILIBRANDO LA ENERGÍA NATURAL

El antiguo arte chino del Feng Shui emplea cristales y gemas para atraer energía positiva y contrarestar la negativa en su espacio vital. Aprenda los conceptos y herramientas básicas del Feng Shui, las aplicaciones tradicionales de los cristales y los diferentes atributos y usos específicos de las gemas.

6" x 9" • 240 Págs.

0-7387-0267-6

... LECTURAS PARA LA MENTE Y EL ESPÍRITU